Gero Tacke

Das 10-Minuten-Rechtschreibtraining für zu Hause

Ein Programm zum Aufbau der Rechtschreibkompetenz ab Klasse 3

Illustriert von
Stefanie Aufmuth
und Gabriele Kreidel

Der Autor des vorliegenden Programms, Dr. Gero Tacke, hat im Rahmen seiner Tätigkeit als Schulpsychologe eine Vielzahl von Übungsmaterialien zur Lese- und Rechtschreibförderung entwickelt und veröffentlicht. Informationen zu seinen Arbeiten finden sich im Internet unter: www.leserechtschreibfoerderung.de

14. Auflage 2024

Autor*innen: Dr. Gero Tacke
Satz: Fotosatz H. Buck, Kumhausen
Druck und Bindung: Korrekt Nyomdaipari Kft., Budapest
ISBN 978-3-403-**04018**-7 (Der Titel 04018 besteht aus Übungsheft und Rechtschreibkartei.)

www.auer-verlag.de

Was ist das Besondere am Programm *Das 10-Minuten-Rechtschreibtraining?*

In Übungen zur Verbesserung der Rechtschreibung wird oft viel Zeit und Energie investiert, ohne dass sich irgendein Erfolg einstellt. Deswegen setzt das Programm *Das 10-Minuten-Rechtschreibtraining* an zwei Punkten an:

- **Konzentration auf zentrale Rechtschreibprobleme,**
- **Übungen, bei denen in kurzer Zeit viel gelernt wird.**

Eine Untersuchung[1] zeigt, dass etwa 20 Prozent aller Rechtschreibfehler auf nur 100 besonders häufig vorkommende Wörter entfallen. Wenn man sich die Schreibung dieser Wörter aneignet, sind die Aussichten, in kommenden Diktaten und Aufsätzen weniger Fehler zu machen, erheblich größer, als wenn man seltenere Wörter einübt. Im vorliegenden Programm werden daher die häufigsten Fehlerwörter – zusammen mit ihren Wortfamilien – gezielt eingeübt.

Darüber hinaus werden Rechtschreibregeln vermittelt, die die Zahl der Wörter, deren Schreibung gelernt wird, erheblich erweitert. Ein besonderer Schwerpunkt liegt dabei auf Regeln zur Groß- und Kleinschreibung. Denn allein auf diesen Bereich entfällt fast ein Viertel aller Rechtschreibfehler.

Die Groß- und Kleinschreibung wird folgendermaßen trainiert: Ein Satz wird diktiert und der Schüler bestimmt bei jedem einzelnen Wort, ob es groß- oder kleingeschrieben wird. Um den Arbeitsaufwand dabei möglichst klein zu halten, schreibt er die Wörter nicht vollständig auf, sondern nur die Anfangsbuchstaben. Dies ist eine sehr dichte Übungsart, bei der in kurzer Zeit bei vielen Wörtern entschieden werden muss, ob sie groß- oder kleingeschrieben werden.

Das Programm beginnt mit einem Kapitel, in dem die Voraussetzungen für die Anfangsbuchstaben-Übung geschaffen werden. Wenn das erste Kapitel bearbeitet ist, wird die Anfangsbuchstaben-Übung im Wechsel mit dem Trainieren der 100 häufigsten Fehlerwörter durchgeführt.

Die häufigsten 100 Fehlerwörter werden in vielfältigen, ebenfalls sehr zeitökonomischen Übungen durchgenommen und mehrfach wiederholt. Denn eines ist klar: Ohne systematische Wiederholungen kann die Rechtschreibung nicht verbessert werden. Damit das Lernen auch Spaß macht, sind etliche Spiele in das Programm eingeschoben, die sich ebenfalls durch eine hohe Lernwirksamkeit auszeichnen. Die fröhlichen Tierzeichnungen von Ingo, dem Igel, und seinen Freunden sorgen zusätzlich für Motivation.

Warum heißt das Programm *10-Minuten-Rechtschreibtraining?*

- Bei den 100 häufigsten Fehlerwörtern können in einer Sitzung je nach Klassenstufe 12 oder 16 Wörter durchgenommen werden. Das dauert nicht länger als 10 Minuten.
- In ebenfalls nur 10 Minuten kann man bei der Anfangsbuchstaben-Übung mehrere Sätze durchnehmen.

Parallel zu diesem Übungsheft gibt es ein Programm für die Schule mit gleichem Inhalt, aber anderen Übungsarten (Bestell-Nr. **04017**).

Darüber hinaus ist für die Schule und für das Üben zu Hause ein Aufbaukurs vorgesehen mit 200 weiteren häufigen Fehlerwörtern sowie Regeln zur Substantivierung von Verben und Adjektiven.

Wenn Sie Fragen und Anregungen an den Autor haben, können Sie sich per E-Mail an ihn wenden: GeroTacke@t-online.de

Arbeitsplan

Sehr hilfreich ist es, wenn man für das häusliche Üben einen genauen Plan aufstellt. Hält man die Regelung dann konsequent ein, entfallen nach einer gewissen Zeit die von vielen Schülern immer wieder angezettelten Diskussionen, ob man das Üben nicht verschieben oder ausfallen lassen kann. Für jeden Tag der Woche sollte genau festgelegt werden, zu welcher Uhrzeit mit dem Training begonnen wird.
Tage, an denen der Schüler oder die Eltern nur wenig Zeit haben, sollten nicht für das Training vorgesehen werden. Anstelle von Wochentagen kann auch der Samstag und/oder der Sonntag eingeplant werden. Insgesamt sollte das Training vier- bis fünfmal pro Woche durchgeführt werden.

1 Menzel, W.: Rechtschreibunterricht. Praxis und Theorie. Seelze, 1985.

Inhaltsverzeichnis

Übungsteil

Anhang

Die **Karteikarten** liegen diesem Übungsheft als Ausstanzbögen bei.

1. Groß- und Kleinschreibung: die Anfangsbuchstaben-Übung

Bearbeiten Sie das 1. Kapitel jeweils 10 Minuten pro Sitzung.

Nomen (Namenwörter)

Zu jeder Übung finden Sie eine genaue Erklärung, in der ausgeführt wird, wie vorzugehen ist. Lesen Sie dem Schüler jeweils vor, was er tun soll, oder legen Sie es dem Sinn nach dar.
Ein Teil der Erläuterungen ist in Normaldruck gehalten, ein anderer Teil in kursivem Kleindruck. Die kursiv gedruckten Anmerkungen sind für Sie bestimmt. Sie werden dem Schüler nicht vorgelesen.

Lesen Sie nun vor oder erläutern Sie dem Sinn nach:

In diesem Kapitel geht es um die Groß- und Kleinschreibung. Damit du lernst, welche Wörter man groß- bzw. kleinschreibt, lernst du vier Wortarten kennen.
Die erste Wortart sind die Nomen. Man nennt sie auch Namenwörter oder Substantive.

Verwenden Sie im Folgenden für die Wortarten die Begriffe, die der Schüler aus der Schule kennt.

Wenn man vor ein Wort den Artikel (Begleiter) **„der“**, **„die“** oder **„das“** setzen kann, dann ist es ein **Nomen (Namenwort)**.
Nomen (Namenwörter) schreibt man groß.

Häufig wird folgende Regel verwendet: Alles, was man sehen, anfassen und fühlen kann, schreibt man groß. Diese Regel ist nur für den Anfang des Schriftspracherwerbs geeignet. Später geht es auch darum, abstrakte Nomen zu erkennen (z. B. Gedanke, Recht, Einfall). Bei solchen Wörtern greift die Regel nicht mehr.

Übung 1

In dieser Übung sind alle Wörter in großen Buchstaben geschrieben. Lies die Sätze vor und unterstreiche die Nomen (Namenwörter) mit ihren Artikeln (Begleitern).

Beispiel: ***ER SAGTE IHM, WO DER MANN WAR.***

In dem Beispiel ist „der Mann" unterstrichen. Denn „Mann" ist ein Nomen (Namenwort) und „der" ist der Artikel (Begleiter), der zu dem Wort „Mann" gehört.

1. ICH GLAUBE, ER HAT DIE BILDER GEMALT.
2. WIR WISSEN NICHT, WARUM ER DAS HAUS VERKAUFEN WILL.
3. MIR SCHMECKT DER APFEL SEHR GUT.
4. ER SCHAUT NEUGIERIG DURCH DAS FENSTER.
5. LARS KANNTE DIE FRAU NICHT.

Manchmal verwandelt der Artikel (Begleiter) sich auch. Lies vor.

der *Hund*

des *Hundes*

dem *Hund*

den *Hund*

die *Hunde*

Auch wenn der Artikel (Begleiter) sich verwandelt, ist es nicht schwer, Nomen (Namenwörter) zu erkennen. Du prüfst einfach, ob es **möglich** ist, „der", „die" oder „das" davor zu setzen. Wenn es möglich ist, so ist es ein Nomen (Namenwort).

Beispiel: *Er füttert den Hund.*

Man kann sagen „der Hund", also ist „Hund" ein Nomen (Namenwort).

Übung 2

Ich lese dir Sätze vor. Nachdem ich einen Satz vorgelesen habe, sagst du mir, welches Wort in dem Satz ein Nomen (Namenwort) ist. Dabei sagst du immer einen Spruch auf. Dieser Spruch ist in dem folgenden Beispiel dargestellt.

Beispiel: Ich lese vor: „Er hilft dem Kind." Du sagst: „Das Kind – Nomen (Namenwort), groß."

Achten Sie darauf, dass der Schüler den Wortlaut des Beispiels ganz genau einhält. Der Schüler schaut bei dieser Übung nicht ins Heft.

1. Er zeigt auf den Baum. 2. Er gab dem Bettler nichts. 3. Siehst du den Mann? 4. Er saß auf dem Dach. 5. Sie war hinter dem Auto. 6. Ich kannte den Jungen nicht.

Es kann auch sein, dass vor einem Nomen (Namenwort) **kein** Artikel (Begleiter) steht. Aber auch hier ist es nicht schwer, das Nomen (Namenwort) zu erkennen. Du fragst dich wieder: „Ist es möglich, ‚der', ‚die' oder ‚das' davor zu setzen?"

Beispiel: *Sie kaufen sich Äpfel.*

Man kann sagen „die Äpfel", also ist „Äpfel" ein Nomen (Namenwort).

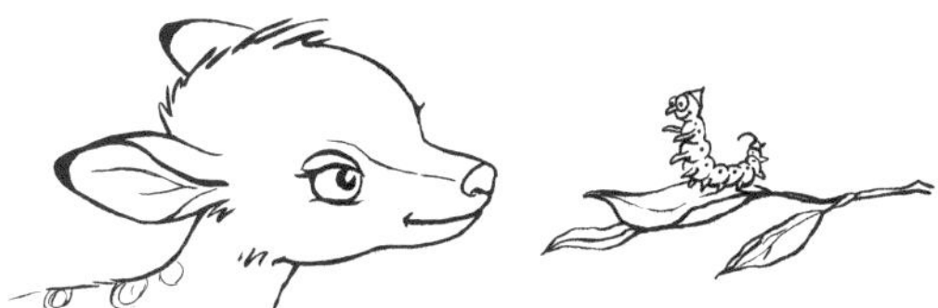

Übung 3

Bei einigen Wörtern ist eine Lücke gelassen. Lies zuerst einen Satz vor und prüfe bei den Wörtern mit einer Lücke, ob sie Nomen (Namenwörter) sind. Das Prüfen machst du laut, damit ich es hören kann. Nach dem Prüfen setzt du einen großen oder einen kleinen Anfangsbuchstaben ein. Zuerst kommt das Beispiel dran:

Beispiel: *Er kaufte ein (B/b) ____ uch und (S/s) ____ chenkte es ihr.*

Nachdem du den ganzen Satz vorgelesen hast, sagst du: „Das Buch – Nomen (Namenwort), groß." Danach setzt du ein großes „B" in die Lücke. Anschließend sagst du: „Der schenkt, die schenkt, das schenkt – geht nicht." Dann setzt du ein kleines „s" in die Lücke.

Achtung! Für den Erfolg des Programms ist es von entscheidender Bedeutung, immer den gleichen Lösungsweg einzuhalten. Achten Sie deswegen darauf, dass sich das Kind genau an das Muster des Beispiels hält, also im ersten Satz sagt: „Der neben, die neben, das neben – geht nicht; der Baum – Nomen (Namenwort) groß; das Reh – Nomen (Namenwort), groß."

1. Dort (N/n) ____ eben dem (B/b) ____ aum steht ein kleines (R/r) ____ eh.

2. Lukas und seine (F/f) ____ reunde waren sehr (M/m) ____ utig.

3. In (E/e) ____ iner Woche (H/h) ____ abe ich (G/g) ____ eburtstag.

4. Meine (K/k) ____ atze hat eine Maus (E/e) ____ rwischt.

Übung 4

Nun kommt ein Spiel, bei dem du zeigen kannst, was du schon gelernt hast. Es heißt „Sieben Richtige". Ich lese dir einzelne Wörter vor. Du wendest auf jedes Wort die Regel zum Erkennen von Nomen (Namenwörtern) an. Und nun Achtung! Das Spiel enthält 30 Wörter. Wenn du es schaffst, sieben Wörter **hintereinander** richtig zu bestimmen, so hören wir auf. Schaffst du keine sieben Wörter, so wiederholen wir alle Wörter noch einmal. Wenn du dabei sieben Wörter hintereinander richtig bestimmt hast, hören wir dann ebenfalls auf. Sonst hören wir nach dem letzten Wort auf. Damit du immer weißt, wie viele Wörter richtig waren, schreibst du bei jedem Wort einen Strich auf. Machst du einen Fehler, geht es in der nächsten Zeile mit den Strichen weiter.

Beispiel 1: Ich lese vor: „Arbeit."
Du sagst: „Die Arbeit – Nomen (Namenwort), groß." Anschließend notierst du einen Strich.

Beispiel 2: Ich lese vor: „Zurück."
Du sagst: „Kein Nomen (Namenwort)." Danach notierst du wiederum einen Strich.

Vielleicht denken Sie: Auch wenn der Schüler sieben Wörter richtig bestimmt hat, kann es ja nicht schaden, auch noch die übrigen Wörter durchzunehmen. Das sollten Sie aber auf keinen Fall tun. Denn sonst geht der Spaß an dieser Übungsart verloren.

1. Stein 2. blass 3. plötzlich 4. Film 5. durch 6. kalt 7. Freund 8. Ende 9. gegen 10. fertig 11. heute 12. Glück 13. jeder 14. Hof 15. klar 16. mein 17. Leute 18. Monat 19. Kraft 20. frech 21. Ordnung 22. Pfund 23. oben 24. schief 25. oft 26. Sohn 27. Spiegel 28. links 29. Sport 30. hinten

Beachte: Namen von

Menschen,

Tieren,

Städten

usw. sind natürlich auch Nomen (Namenwörter).

Übung 5

Lies die Sätze vor. Bei den Namen sagst du: „Name – groß.“ Außerdem unterstreichst du die Namen und die Nomen (Namenwörter). Wir gehen vor wie im folgenden Beispiel.

Beispiel: ***DER KLEINE HANS FÄHRT DREIRAD.***

Du sagst: „Hans – Name, groß.“ Dann unterstreichst du das Wort „Hans“.
Danach sagst du: „Das Dreirad – Nomen (Namenwort), groß.“ Jetzt unterstreichst du das Wort „Dreirad“.

1. FELIX WILL MIT SEINEN FREUNDEN AUF DEM HOF FAHRRAD FAHREN.
2. UNSER HUND FIFI GRÄBT IM GARTEN MANCHMAL LÖCHER.
3. IN DEN FERIEN FÄHRT HERR SCHULZ MEISTENS NACH ITALIEN.
4. ICH HABE VORIGE WOCHE MEINE OMA BESUCHT.
5. MORGEN MÖCHTE JULIA MIT DEM ZUG NACH KÖLN FAHREN.
6. LISA SPIELT OFT MIT IHREM KLEINEN BRUDER.
7. MEIN ONKEL HERBERT WOHNT IN ÖSTERREICH.

Verben (Tunwörter)

Nun lernst du eine weitere Wortart kennen, die Verben. Man nennt sie auch Tunwörter.

Verwenden Sie im Folgenden wieder den Begriff, den der Schüler aus der Schule kennt.

Verben (Tunwörter) erkennt man
mit der Frage: „Kann man es tun?“
Verben (Tunwörter) schreibt man klein.

Hier sind zwei Beispiele für den Spruch, den du bei Verben (Tunwörtern) aufsagen sollst.

Beispiel 1: ***gehen*** – „Kann man tun, Verb (Tunwort).“

Beispiel 2: ***grün*** – „Kann man nicht tun, kein Verb (Tunwort).“

Gelegentlich wird die Auffassung vertreten, für die Groß- und Kleinschreibung sei es nicht notwendig, Verben und Adjektive zu erkennen. Vielmehr sei es ausreichend, wenn die Schüler Nomen identifizieren können. Vier wesentliche Gründe sprechen aber für die Notwendigkeit, auch Verben und Adjektive zu berücksichtigen:

- *In Zweifelsfällen fällt es den Schülern leichter, ein Nomen zu erkennen, wenn sie auch Verben und Adjektive erfassen können.*
- *Verben enden oft auf „en“, z. B. „die Kinder lachen“. Wenn die Schüler diese Wörter nicht als Verben erkennen, halten sie sie oft für Nomen. Sie sagen dann z. B. „das Lachen – also ist lachen ein Nomen“.*
- *Wenn vor einem Adjektiv ein Artikel steht, so wird das Adjektiv oft für ein Nomen gehalten, z. B. „die weiße Wand“. Um den Artikel nicht auf das Adjektiv, sondern auf das Nomen zu beziehen, ist es notwendig, Adjektive erkennen zu können.*
- *In der Sekundarstufe wird auch die Substantivierung von Verben und Adjektiven behandelt, z. B. „beim Laufen“, „der Große lachte“. Auch dazu muss man in der Lage sein, Verben und Adjektive zu erkennen.*

Übung 6

Lies jedes Wort vor und prüfe nach, ob es ein Verb (Tunwort) ist. Das Prüfen machst du wieder laut. Wenn es ein Verb (Tunwort) ist, unterstreichst du es. Zuerst wieder zwei Beispiele.

Beispiel 1: ***malen*** – Du sagst laut: „Malen – kann man tun, Verb (Tunwort).“
Dann unterstreichst du das Wort „malen“.

Beispiel 2: ***unten*** – Du sagst laut: „Unten – kann man nicht tun, kein Verb (Tunwort).“

Achten Sie wieder darauf, dass der Schüler den Wortlaut der Beispiele ganz genau einhält.

arbeiten, gelb, holen, größer, hart, nachdenken, schwer, rennen, dunkel

Beachte: Verben (Tunwörter) können verschiedene Formen haben. Lies vor.

denken:	*ich denk**e***	*du denk**st***	*er denk**t***
tragen:	*ich trag**e***	*du träg**st***	*er träg**t***

Bei solchen Formen muss man zuerst die Grundform bilden. Bei den meisten Verben (Tunwörtern) bildet man die Grundform, indem man „en" an das Wort hängt.
Hier sind wieder zwei Beispiele. Lies vor.

sie singt	Grundform:	*sing**en***
du sprichst	Grundform:	*sprech**en***

Übung 7

Ich lese Verben (Tunwörter) vor und du sagst mir die Grundform.

Beispiel: Ich lese vor: „Sie versucht."
Du sagst: „Versuchen – kann man tun, Verb (Tunwort)."

Wenn der Schüler bei einem Wort die Grundform nicht findet, weisen Sie ihn darauf hin, dass er „en" an das Wort hängen muss.

er singt, er erzählt, sie sitzt, du stehst, sie läuft, du besuchst, ich gebe, ich denke, ich trage, er glaubt, ihr steht, ihr lauft, sie holt, du gibst, sie reitet, sie lacht, ich stehe, ich spiele, ich besuche, sie meint, er bezahlt

Beachte: Verben (Tunwörter) können auch verschiedene Zeiten anzeigen. Lies vor.

lachen:	*ich lache*	*ich lachte*	*ich habe gelacht*
fliegen:	*er fliegt*	*er flog*	*er ist geflogen*

Übung 8

Ich lese Verben (Tunwörter) in den verschiedenen Zeiten vor und du sagst mir die Grundform.

Beispiel: Ich lese vor: „Er ist gegangen."
Du sagst: „Gehen – kann man tun, Verb (Tunwort)."

er hat gelesen, du hast gesagt, ich badete, sie drückte, du hast gefühlt, ich wartete, sie hat gebaut, er bewegte sich, es regnete*, er hat sich erinnert, ich habe gesehen, er änderte, sie hat geblüht, er nahm, sie erklärte, sie flüchtete, ich habe gearbeitet, ich dankte, er hat genommen, sie haben gefeiert, du sagtest, ihr habt gearbeitet, ihr habt gedreht, ich bin gefahren, er fragte

* *Es hört sich etwas komisch an, wenn man sagt: „Regnen – kann man tun." Trotzdem soll der Spruch aber angewendet werden.*

Übung 9

Lies die Sätze vor. Bei den unterstrichenen Wörtern prüfst du laut nach, ob sie Verben (Tunwörter) sind. Achtung! Manchmal musst du zuerst die Grundform bilden.

Beispiel 1: ***Sie <u>gab</u> es ihm.***

Nach dem Vorlesen sagst du dann laut: „Geben – kann man tun, Verb (Tunwort)."

Beispiel 2: ***Er parkte <u>neben</u> mir.***

Nach dem Vorlesen sagst du dann: „Neben – kann man nicht tun."

Achten Sie wieder darauf, dass das Muster der beiden Beispiele genau eingehalten wird.

1. KALLE UND SEINE FREUNDE <u>SPIELTEN</u> WIRKLICH SEHR GUT.
2. ALS ER IN NOT WAR, <u>HALF</u> IHM <u>NIEMAND</u>.

3. ICH HÄTTE IHN <u>BEINAHE</u> <u>GETROFFEN</u>.
4. DANN <u>TRANK</u> ER DAS GLAS <u>LEER</u>.
5. DAS KONNTE ICH <u>WIRKLICH</u> NICHT <u>GLAUBEN</u>.
6. WIR HABEN IHN <u>LANGE</u> NICHT <u>GESEHEN</u>.
7. WARUM <u>LIEF</u> ER NICHT <u>HINTER</u> DEM BALL HER?

Übung 10

Ich lese wieder Verben (Tunwörter) vor und du sagst mir die Grundform. Wir gehen wieder vor wie in dem folgenden Beispiel.

Beispiel: Ich lese vor: „Er ist gekrochen."
Du sagst: „Kriechen – kann man tun, Verb (Tunwort)."

ich esse, ihr esst, du siehst, ihr werdet sehen, er hätte getroffen, ich redete, du isst, sie weiß, du wirst sehen, sie sah, er verlor, er schaute, er reitet, ihr wisst, du hast vergessen, ich habe getroffen, sie würde verlieren, wir bauten

Nun kennst du schon zwei Wortarten: Nomen (Namenwörter) und Verben (Tunwörter). Um herauszufinden, ob ein Wort ein Nomen (Namenwort) oder ein Verb (Tunwort) ist, wendest du immer den Spruch an, den du gelernt hast.

Das folgende Beispiel zeigt dir noch einmal den Spruch für die Nomen (Namenwörter).

Wenn du herausfinden sollst, ob das Wort „Finger" ein Nomen (Namenwort) ist, sagst du:

„Der Finger – Nomen (Namenwort), groß."

Das folgende Beispiel zeigt dir den Spruch für die Verben (Tunwörter).
Wenn du herausfinden sollst, ob das Wort „schreibt" ein Verb (Tunwort) ist, sagst du:

„Schreiben – kann man tun, Verb (Tunwort)."

Vergessen Sie nicht: Für den Erfolg des Programms ist es von entscheidender Bedeutung, dass der Schüler den Wortlaut der Sprüche ganz genau einhält. Das ist am Anfang mit etwas Mühe verbunden. Mit der Zeit gehen die Sprüche aber in „Fleisch und Blut" über und dem Schüler fällt es nicht mehr schwer, zu entscheiden, ob ein Wort groß- oder kleingeschrieben wird.

Übung 11

Ich lese dir Wörter vor. Du sagst mir, ob sie Nomen (Namenwörter) oder Verben (Tunwörter) sind. Dabei wendest du die beiden Sprüche an, die du gelernt hast. Denk daran: Bei den Nomen (Namenwörtern) sagst du, dass sie großgeschrieben werden. Bei den Verben (Tunwörtern) brauchst du nicht zu sagen, dass man sie kleinschreibt.

Wenn der Schüler den Spruch nicht anwendet, sagen Sie: „Denk an den Spruch!" Und wenn dem Schüler der Spruch nicht einfällt, so sagen Sie ihn vor. Das wird – vor allem am Anfang – des Öfteren erforderlich sein.

Nicht vergessen: Bei einem Namen (z. B. Inge) sagt der Schüler: „Name – groß."

Schmerz, er lag, Waffel, er lacht, Inge, er steht, Gebiet, er war geflogen, Markus, Amerika, Straße, er hat gelesen, München, Dach, er zog, Maler

Übung 12

Lies die Sätze vor. Bei den Wörtern, bei denen der erste Buchstabe fehlt, prüfst du nach, ob sie Nomen (Namenwörter) oder Verben (Tunwörter) sind. Dabei wendest du wieder die beiden Sprüche an, die du gelernt hast.

Beispiel: ***Hans (K/k) ____ letterte auf einen (B/b) ____ aum.***

Du sagst laut: „Klettern – kann man tun, Verb (Tunwort)." Dann schreibst du ein kleines „k" in die Lücke. Anschließend sagst du: „Der Baum – Nomen (Namenwort), groß." Und du schreibst ein großes „B" in die Lücke.

Achten Sie darauf, dass bei Nomen immer auch „groß" gesagt wird. Demgegenüber wird bei Verben ***nicht*** *gesagt, dass sie kleingeschrieben werden.*

1. Herr Müller (G/g) ____ eht mit seiner (F/f) ____ rau spazieren.

2. Ich (E/e) ____ rkannte ihn an seiner (S/s) ____ timme.

3. Nach einiger (Z/z) ____ eit hatte er die (S/s) ____ pur (V/v) ____ erloren.

4. Der Mann (F/f) ____ uhr mit dem (A/a) ____ uto durch den (V/v) ____ erkehr.

5. Er möchte gerne (L/l) ____ esen.

Im letzten Satz der obigen Übung steht ein Verb in der Grundform: „Er möchte gerne lesen." In solchen Fällen kommt es manchmal vor, dass ein Schüler sagt: „Das Lesen – Nomen, groß." Weisen Sie den Schüler bei solchen Fehlern darauf hin, dass es ein Verb ist, weil man es tun kann. Es kommt in der deutschen Sprache zwar vor, dass ein Verb zu einem Nomen wird (so genannte substantivierte Verben, z. B. „beim Lesen"), in der Grundschule wird diese Kenntnis aber noch nicht verlangt. Deswegen sollten Sie auch nicht weiter darauf eingehen. Denn sonst würde nur Verwirrung entstehen.

Es gibt ein paar Verben (Tunwörter), die ziemlich schwer zu erkennen sind. Lies vor:

dürfen, müssen, brauchen,

können, mögen, sollen, wollen

Aber auch auf solche Wörter wird die Frage „Kann man es tun?" angewandt, auch wenn es manchmal etwas merkwürdig klingt.

Im grammatikalischen Sinn handelt es sich bei Wörtern wie „dürfen, müssen, brauchen usw." um Modalverben. Es ist aber einfacher, den Spruch für die Verben auch auf Modalverben anzuwenden, als dem Schüler beizubringen, was Modalverben sind.

Übung 13

Ich lese Verben (Tunwörter) in verschiedenen Formen vor und du sagst mir die Grundform.

Beispiel: Ich lese vor: „Er darf."
Du sagst: „Dürfen – kann man tun, Verb (Tunwort)."

Anmerkung für Sie: Die Grundform von „möchte" und „mag" heißt „mögen".

sie muss, er will, ich mag, er darf, sie möchte, du magst, ich wollte, er konnte, er mag, er schreibt, sie kann, sie läuft, sie soll, ich brauche, er durfte, er möchte, sie musste, sie singt

Übung 14

Lies die Sätze vor. Bei den unterstrichenen Wörtern prüfst du nach, ob es Verben (Tunwörter) sind.

Beispiel: *Er muss uns bald besuchen.*

Nach dem Vorlesen sagst du laut: „Müssen – kann man tun, Verb (Tunwort); bald – kann man nicht tun."

1. Georg soll seine Schwester vom Bahnhof abholen.
2. Er kann sich kaum noch bewegen.
3. Sie braucht es gar nicht erst zu versuchen.
4. Ich weiß wirklich nicht, was er will.
5. Wer möchte es versuchen?
6. Sie müssen kommen, ob sie wollen oder nicht.
7. Niemand darf das Gebäude betreten.
8. Ich mag ihn sehr gern.
9. Katja sollte uns ein wenig helfen.
10. Er muss morgen damit fertig sein.
11. Sven steht auf dem Balkon und putzt seine schwarzen Schuhe.
12. Sie musste nach den Hausaufgaben ihr Zimmer aufräumen.

Übung 15

Ich lese Wörter vor und du bestimmst bei jedem Wort laut, ob es ein Nomen (Namenwort) oder ein Verb (Tunwort) ist. Dabei wendest du wieder die beiden Sprüche an, die du gelernt hast. Bei einem Namen (z. B. „Peter") sagst du: „Name – groß."

sollen, Hose, tragen, Tochter, Wolfgang, Berlin, wollen, dürfen, Name, mögen, müssen, Heizung, brauchen, Zeitung, Hamburg, zeichnen, können, Tag, schlafen

An Verben (Tunwörter) wird oft auch die Endung „end" angehängt. Lies vor.

lachend, blühend, reitend, schwimmend

Aber auch hier ist es nicht schwer herauszufinden, ob es sich um ein Verb (Tunwort) handelt. Du brauchst, wie immer, nur deine Frage zu stellen: „Kann man es tun?"

Wörter wie „lachend, blühend usw." sind Partizipien, genauer gesagt Präsenspartizipien. Sie können attributiv (z. B. „die lachende Frau") oder adverbial („Er lehnte sich lachend zurück.") gebraucht werden. In beiden Fällen können leicht Verwechslungen mit Adjektiven vorkommen. Das gilt auch für Perfektpartizipien („gelacht, abgeschlossen"), die ebenfalls attributiv („ein abgeschlossenes Auto") oder adverbial („Das Auto stand abgeschlossen auf der Straße.") verwendet werden können. ***Im Zusammenhang mit der Groß- und Kleinschreibung sind diese Differenzierungen aber ohne Bedeutung. Deswegen sollten Sie auch nicht weiter darauf eingehen.*** *Weil sich alle Partizipien von Verben herleiten, können Sie durch die Anwendung des Spruchs für Verben auch problemlos erkannt werden.*

Übung 16

Lies die Sätze vor. Bei den Wörtern, bei denen der erste Buchstabe fehlt, prüfst du nach, ob sie Nomen (Namenwörter) oder Verben (Tunwörter) sind. Natürlich wendest du wieder die beiden Sprüche an.

1. Sie liefen (S/s) ____ ingend durch den dunklen (W/w) ____ ald.
2. Er ging (W/w) ____ einend in sein Zimmer.
3. Obwohl ihm eine Strafe (A/a) ____ ngedroht worden war, (L/l) ____ og er.
4. Er suchte lange nach einem (P/p) ____ assenden Schlüssel.
5. Sie betrachteten voller (F/f) ____ reude die (B/b) ____ lühenden Blumen.
6. Vater versuchte, die (K/k) ____ inder zu (B/b) ____ eruhigen.
7. Olga (L/l) ____ ässt ihre (F/f) ____ reunde grüßen.
8. Jörg schaute (T/t) ____ räumend aus dem (F/f) ____ enster.
9. Voller (W/w) ____ ut ging (W/w) ____ erner nach Hause.

Übung 17

Nun kommt wieder das Spiel „Sieben Richtige", bei dem du zeigen kannst, was du schon gelernt hast. Du bestimmst bei jedem Wort, ob es ein Nomen (Namenwort) oder ein Verb (Tunwort) ist.

Beispiel 1: Ich lese vor: „Kunst."
Du sagst: „Die Kunst – Nomen (Namenwort), groß."

Beispiel 2: Ich lese vor: „Keuchend."
Du sagst: „Keuchen – kann man tun, Verb (Tunwort).

Spielanleitung: siehe Übung 4, S. 8.

1. lösen 2. Miete 3. gemalt 4. Leistung 5. warf 6. musste 7. Zukunft 8. Last 9. Winter 10. leuchtete 11. will 12. Käufer 13. laufend 14. Verkehr 15. Idee 16. eingeknickt 17. Wahl 18. verbunden 19. geirrt 20. hustend 21. trug 22. Hoffnung 23. gesessen 24. Teil 25. Spiel 26. Hülle 27. sollte 28. gewusst 29. Juli 30. Gepäck

Adjektive (Wiewörter)

Nun lernst du die dritte Wortart kennen, die Adjektive. Man nennt sie auch Wiewörter.

Verwenden Sie im Folgenden wieder den Begriff, den der Schüler aus der Schule schon kennt.

Adjektive (Wiewörter) erkennt man mit der Frage: „Wie ist es?“
Adjektive (Wiewörter) schreibt man klein.

Beispiel 1: *grün* – Man kann sagen: „Wie ist es? – grün – Adjektiv (Wiewort).“

Beispiel 2: *schön* – Man kann sagen: „Wie ist es? – schön – Adjektiv (Wiewort).“

Übung 18

Lies die Wörter vor. Bei jedem Wort prüfst du nach, ob es ein Adjektiv (Wiewort) ist.

Beispiel 1: *rund* – Du sagst: „Wie ist es? – rund – Adjektiv (Wiewort).“

Beispiel 2: *mit* – Du sagst: „Wie ist es? – mit – Geht nicht.“

Achten Sie wieder darauf, dass der Wortlaut der Beispiele ganz genau eingehalten wird. Wenn an dem Wortlaut etwas fehlt, sagen Sie: „Wie heißt der Spruch?“

kurz, vier, heiß, krumm, danach, neben, dunkel, ob, fest, gestern, nicht, an, auch

Und nun aufgepasst: Wir nehmen einen Fehler durch, der immer wieder vorkommt. Du weißt ja: Ein Nomen (Namenwort) erkennt man daran, dass man die Artikel (Begleiter) „der“, „die“ oder „das“ davor setzen kann. Es kommt aber oft vor, dass sich zwischen den Artikel (Begleiter) und das Nomen (Namenwort) ein Adjektiv (Wiewort) drängelt. Lies vor.

Beispiel: *große* / *das Haus* — *das große Haus*

Hier hat sich das Adjektiv (Wiewort) „groß“ zwischen den Artikel (Begleiter) „das“ und das Nomen (Namenwort) „Haus“ gedrängelt. Trotzdem gehören Artikel (Begleiter) und Nomen (Namenwort) zusammen. Denn es heißt ja „das Haus“.

Übung 19

Lies die Sätze vor. Unterstreiche die Nomen (Namenwörter) und die zugehörigen Artikel (Begleiter).

Beispiel: *Er trägt die schwere Leiter.*

Du sagst: „Die Leiter – Nomen (Namenwort), groß."
Dann unterstreichst du „die" und „Leiter".

1. Er nahm die scharfe Schere und schnitt den schwarzen Faden ab.
2. Das kleine Mädchen legte die roten Äpfel in seinen Korb.
3. Lea konnte die schwere Tasche kaum tragen.
4. Sie zog das neue Kleid an.
5. Die kleine Katze spielt mit der roten Wolle.

Übung 20

In dieser Übung kommen sowohl Verben (Tunwörter) als auch Adjektive (Wiewörter) vor. Lies die Wörter vor. Bei jedem Wort prüfst du dann nach, ob es ein Verb (Tunwort) oder ein Adjektiv (Wiewort) ist.

Beispiel 1: ***nehmen*** – Du sagst laut: „Nehmen – kann man tun, Verb (Tunwort)."

Beispiel 2: ***kalt*** – Du sagst laut: „Wie ist es? – kalt – Adjektiv (Wiewort)."

Manchmal fällt es einem Schüler schwer, sich von den vorherigen Übungen auf die jetzige Übung umzustellen. Denn nun kommen sowohl Adjektive als auch Verben vor. Deswegen ist es des Öfteren erforderlich Hilfestellungen zu geben.

bezahlen, krank, gelb, denken, dürfen, leicht, langsam, hoch, lachend, müssen,

früh, offen, dick, stehen, brauchen, warm, blau, schlafen, trinken

Übung 21

In dieser Übung kommen alle drei Wortarten vor, die du bisher gelernt hast. Lies die Wörter vor. Bei jedem Wort prüfst du nach, ob es ein Nomen (Namenwort), ein Verb (Tunwort) oder ein Adjektiv (Wiewort) ist. Natürlich wendest du wieder deine Sprüche an.

Beispiel 1: ***SCHULE*** – Du sagst: „Die Schule – Nomen (Namenwort), groß."

Beispiel 2: ***SCHENKEN*** – Du sagst: „Schenken – kann man tun, Verb (Tunwort)."

Beispiel 3: ***BILLIG*** – Du sagst: „Wie ist es? – billig – Adjektiv (Wiewort)."

*Achten Sie wieder darauf, dass bei Nomen immer auch „groß" gesagt wird. Demgegenüber wird bei den anderen Wortarten aber **nicht** gesagt, dass sie kleingeschrieben werden.*

BRAUN, ENDE, FALLEN, PREIS, WOLLEN, GREIFEN, LIEFERN, NAH, KLAR, HÄNGEND, MÖGEN, BINDEN, KLAUS, DÜRFEN, HERR, MEINEN, SACHE, REITEND, ITALIEN, SCHULE

Übung 22

Lies die Sätze vor. Bei manchen Wörtern fehlt der erste Buchstabe. Prüfe bei diesen Wörtern laut, ob sie Nomen (Namenwörter), Verben (Tunwörter) oder Adjektive (Wiewörter) sind. Setze die fehlenden Anfangsbuchstaben ein.

1. Erst zum (S/s) ____ chluss hat er die Aufgabe ganz (V/v) ____ erstanden.
2. Sie (H/h) ____ örten sehr gerne (M/m) ____ usik.
3. Welche (A/a) ____ ufgaben sind (R/r) ____ ichtig gelöst?
4. Die blaue (K/k) ____ iste hinter der Tür ist ganz (L/l) ____ eicht.
5. Gestern haben wir (J/j) ____ örg am See (G/g) ____ etroffen.
6. Meine (M/m) ____ utter backt einen (L/l) ____ eckeren Kuchen.

Restwörter

Es gibt Wörter, bei denen brauchst du gar nicht zu prüfen, ob sie groß- oder kleingeschrieben werden. Dazu gehören alle Wörter, die keine Nomen (Namenwörter), Verben (Tunwörter) oder Adjektive (Wiewörter) sind. Die Wörter, die du nicht überprüfen musst, bilden sozusagen den Rest. Deswegen nennen wir sie hier „Restwörter". Sie kommen sehr oft vor und man kann sie leicht erkennen. Lies die Beispiele vor.

und, neben, als, der, jemand, ohne

Wenn der Schüler aus der Schule eine andere Bezeichnung kennt, z. B. „anderes Wort", so verwenden Sie im Folgenden diese Bezeichnung.

Es gibt **Nomen (Namenwörter)**, **Verben (Tunwörter)** und **Adjektive (Wiewörter)**.
Alle anderen Wörter sind **Restwörter**.

Dass es auch Adverbien gibt, bleibt hier unberücksichtigt. Denn im Zusammenhang mit der Groß- und Kleinschreibung kann man sie ohne Probleme den Wortarten zuordnen, zu denen sie ursprünglich gehören bzw. aus denen sie abgeleitet sind.

Übung 23

Lies zuerst einen ganzen Satz vor. Dann bestimmst du bei jedem Wort, ob es ein Nomen (Namenwort), ein Verb (Tunwort), ein Adjektiv (Wiewort) oder ein Restwort ist. Dabei sagst du immer die Sprüche auf, die du gelernt hast. Bei einem Restwort sagst du nur: „Rest."

Beispiel: *ER GIBT PETER DEN KLEINEN HAMMER.*

Nachdem du den Satz vorgelesen hast, bestimmst du bei jedem einzelnen Wort die Wortart.

Du sagst: „ER – Rest."
Du sagst: „GIBT – geben – kann man tun, Verb (Tunwort)."
Du sagst: „PETER – Name, groß."
Du sagst: „DEN – Rest."
Du sagst: „KLEINEN – Wie ist es? – klein – Adjektiv (Wiewort)."
Du sagst: „HAMMER – der Hammer – Nomen (Namenwort), groß."

Nicht vergessen: Der Wortlaut des Beispiels muss ganz genau eingehalten werden.

1. DER MANN IN DEM AUTO ERKUNDIGTE SICH NACH DEM WEG.
2. WARUM VERSUCHT DIETER SICH VORZUDRÄNGELN?
3. DER BUNTE VOGEL FLIEGT IMMER WIEDER ZU SEINEM NEST.
4. DORIS WARTET AUF IHRE FREUNDIN.

Übung 24

Nun kommt ein lustiges Spiel. Wir beide lesen abwechselnd je ein Wort vor. Aber Achtung! Wenn ein Restwort kommt, sagen wir stattdessen „lupf". Beim Lesen zeige ich mit dem Finger auf die Wörter. Zuerst lese ich das Beispiel vor.

Beispiel: ***HINTER DEM BAUM STAND EIN MANN.***

Diesen Satz lesen wir so: Ich fange an „lupf", dann sagst du „lupf", ich sage „Baum", du sagst „stand", ich sage „lupf", du sagst „Mann".

*Fangen **Sie** mit dem ersten Wort an und lesen Sie ganz langsam.*

1. DER MANN TRAT AUF DIE BREMSE.

2. KANN ICH EUCH HELFEN?

3. DIE MÄDCHEN UND JUNGEN SPIELTEN OFT IM GARTEN.

4. ER WAR SEHR STOLZ AUF SEINE SCHÖNEN ROSEN.

Übung 25

Lies zuerst einen Satz vor und bestimme anschließend bei jedem Wort die Wortart. Dabei gehst du so vor, wie du es gelernt hast.

Wenn ein Adjektiv, das zwischen einem Artikel und einem Nomen steht, z. B. „der große Mann", fälschlich als Nomen bezeichnet wird, z. B. „der Große", so weisen Sie darauf hin, dass die ganze Wortgruppe beachtet werden muss.

1. HAT WIRKLICH NIEMAND MEINEN GELBEN BALL GESEHEN?

2. AUF JEDEN FALL WERDE ICH ES NOCH EINMAL PROBIEREN.

3. DAS WAR WIRKLICH KEIN KLEINES PROBLEM.

4. ICH KANN KAUM GLAUBEN, WAS SIE GESAGT HAT.

Manchmal ist es nicht ganz einfach, ein Restwort von anderen Wortarten zu unterscheiden.

Im Zweifelsfall gilt ein Wort als **Restwort.**

Schwierigkeiten können vor allem etwas längere Restwörter machen. Zum Glück gibt es nicht viele davon. Hier sind einige der häufigsten aufgeführt: allerdings, anfangs, besonders, daneben, draußen, durcheinander, gestern, höchstens, hoffentlich, mittags, niemand, sämtliche, vielleicht, zusammen.
In der Regel entwickelt der Schüler nach relativ kurzer Übungszeit ein „Gespür" für die Restwörter.

Übung 26

Ich lese Verben (Tunwörter) in verschiedenen Formen vor und du sagst mir die Grundform.

Beispiel: Ich lese vor: „Er hat geschaut."
Du sagst: „Schauen – kann man tun, Verb (Tunwort)."

sie schießt, ich war gerast, du sägst, ihr müsst, ich packte, er hat genickt, sie möchte, ich darf, sie ist geklettert, es floss, sie braucht, es hatte geklappt, er irrte sich, ich kann, sie hat geguckt

Du hast schon einige Sprüche gelernt. Nun kommt noch ein Spruch für den Satzanfang.
An jedem Satzanfang sagst du:

Satzanfang, groß.

Übung 27

Nun machen wir die Anfangsbuchstaben-Übung, die geht so: Ich lese einen Satz vor. Danach wiederhole ich noch einmal jedes Wort einzeln. Du prüfst bei jedem Wort laut, ob es ein Nomen (Namenwort), ein Verb (Tunwort), ein Adjektiv (Wiewort) oder ein Restwort ist. Am Anfang eines Satzes sagst du: „Satzanfang, groß." Nachdem du ein Wort geprüft hast, schreibst du nur den Anfangsbuchstaben des Wortes auf.

Beispiel: ***SIE KOCHT PETER EINE LECKERE SUPPE.***

Nachdem ich den ganzen Satz vorgelesen habe, lese ich jedes Wort noch einmal einzeln vor und du bestimmst dann die Wortart. Bei dem Beispielsatz geht das so:

Ich lese vor:	Du sagst:
SIE	„Satzanfang, groß", und schreibst auf: S
KOCHT	„kochen – kann man tun, Verb (Tunwort)", und schreibst auf: k
PETER	„Name, groß", und schreibst auf: P
EINE	„Rest", und schreibst auf: e
LECKERE	„Wie ist es? – lecker – Adjektiv (Wiewort)", und schreibst auf: l
SUPPE.	„die Suppe – Nomen (Namenwort), groß", und schreibst auf: S.

Zum Schluss hast du aufgeschrieben: S k P e l S.

Achten Sie wieder darauf, dass der Wortlaut des Beispiels ganz genau eingehalten wird. Das fällt den meisten Schülern am Anfang etwas schwer, sodass es häufig notwendig ist zu helfen.

Vielleicht denken Sie, man könnte anstelle der Buchstaben eigentlich auch ganze Wörter schreiben lassen. Das sollten Sie aber auf keinen Fall tun. Im Moment soll sich der Schüler ganz auf die Groß- und Kleinschreibung konzentrieren und das kann er nicht, wenn er gleichzeitig noch andere Rechtschreibprobleme lösen soll.

1. Wir gingen mit Onkel Heinz auf den Sportplatz. 2. Es war sehr schwer, die Aufgaben zu lösen. 3. Unser Nachbar ist immer freundlich zu uns. 4. Wir fuhren mit dem Zug nach Hamburg. 5. Im Sommer scheint meistens die Sonne. 6. Jörg räumt sein Zimmer auf, dann geht er spielen.

Zahlwörter (z. B. fünf) **sind auch Restwörter.**

Übung 28

Ich lese einzelne Wörter vor und du prüfst bei jedem Wort laut nach, ob es ein Nomen (Namenwort), ein Verb (Tunwort), ein Adjektiv (Wiewort) oder ein Restwort ist.

acht, verwenden, Musik, zwölf, jemand, hoch, Paul, saugen, zehn, deutlich, Polen, nützen, Stich, üblich, hundert, allein, Ding, weinen, Gedanke, legen, fünf, eckig, unter, Tasche, Möglichkeit, kurz, schweben

Übung 29

Nun machen wir wieder die Anfangsbuchstaben-Übung. Denke daran, nach jedem Satz einen Punkt zu machen.

Helfen Sie dem Schüler wieder, wenn er nicht weiter weiß. Das wird am Anfang des Öfteren erforderlich sein, vor allem auch, wenn ein Adjektiv zwischen einem Artikel und einem Nomen steht, z. B. „die rote Jacke". Wenn der Schüler dann fälschlich das Adjektiv als Nomen bezeichnet, z. B. „die Rote", dann weisen Sie wieder darauf hin, dass die ganze Wortgruppe beachtet werden muss, also z. B. „die rote Jacke".

Achten Sie unbedingt darauf, dass der Schüler beim Prüfen ganz genau den Wortlaut der Sprüche einhält, die er gelernt hat.

1. Fritz hat für seine Tante Brot und Wurst eingekauft. 2. Morgen müssen wir zum Arzt. 3. Maria hilft der alten Dame. 4. Er fragte den Bauer nach dem Weg. 5. Dieter war nicht besonders mutig. 6. Als es schneite, bauten wir uns sofort ein kleines Schneehaus. 7. Wir sangen laut und wanderten über Berg und Tal. 8. Er legte die gereinigte* Hose in den Schrank.

* *Denken Sie daran: Manche Verben kann man leicht mit Adjektiven verwechseln. Das ist z. B. bei dem Wort „gereinigte" der Fall. Solche Wörter sollen auch als Verben erkannt werden. Außerdem ist darauf zu achten, dass der Schüler bei Wörtern wie „gereinigt" ein „g" und nicht ein „r" aufschreibt.*

Führen Sie ab jetzt die Anfangsbuchstaben-Übung im Wechsel mit dem Training der Einzelwörter durch: An einem Tag die Anfangsbuchstaben-Übung, am nächsten Tag das Training der Einzelwörter, dann wieder die Anfangsbuchstaben-Übung usw. Das Training der Einzelwörter beginnt im nächsten Kapitel.

Nehmen Sie pro Sitzung so viele Sätze durch, wie Sie in 10 Minuten schaffen.

Wenn der Schüler (fast) keine Fehler mehr macht, führen Sie die Anfangsbuchstaben-Übung nur noch einmal pro Woche oder einmal in 14 Tagen durch. Die gewonnene Zeit verwenden Sie dann für das Training der Einzelwörter.

Sätze für die Anfangsbuchstaben-Übung

1. Sie vergaß das Buch in der Schule. 2. Er bekam gestern einen Anruf von seiner Großmutter. 3. Ich ärgerte mich über die ständigen Störungen. 4. Sie legte ihren Kopf auf ein weiches Kissen. 5. Wir redeten lange über unsere gemeinsamen Erlebnisse. 6. Die Polizei hat ihnen viele Fragen gestellt. 7. Ich habe den Eindruck, dass es ihm nicht gut geht. 8. Er öffnete das knarrende Fenster und schaute hinaus. 9. Wir gingen beide durch einen dunklen Park. 10. Der Hund kratzte bellend an der Tür. 11. Franz holte mich am alten Turm ab. 12. Am Anfang machte es uns große Freude. 13. Er stieg in den wartenden Bus ein und suchte sich sofort einen freien Platz. 14. Karin ließ sich beim Friseur ihre verklebten Haare waschen. 15. Im Supermarkt kauften wir frisches Obst und einige Tafeln Schokolade. 16. Der Bäcker schob die Brötchen in den heißen Ofen. 17. Zu meinem Geburtstag habe ich eine neue Uhr bekommen. 18. Am Anfang habe ich es nicht verstanden. 19. Emine spitzt ihren Bleistift und schreibt eine aufregende Geschichte. 20. Gestern hat mir die schimpfende Frau einen mächtigen Schrecken eingejagt. 21. Am Freitag rudern wir mit unserem neuen Boot über den See. 22. Silke liegt am Strand und sonnt sich. 23. Elisa hatte gemerkt, dass Steffi noch fehlte. 24. Vor dem Haus war ein großer Garten mit bunten Blumen. 25. Als ich krank war, konnte ich nicht zur Schule gehen. 26. Im Sommer geht Luisa gerne mit ihrem Opa in den Wald. 27. Auf der großen Wiese spielten die Jungen nach der Schule oft Fußball. 28. In den Ferien wollen wir diesmal nach Italien fahren. 29. Er bekam ein belegtes Brot. 30. Im Frühjahr blühen Schneeglocken und Krokusse. 31. Heute will Max mit dem Fahrrad an den See fahren. 32. Man sagt, auf der alten Burg würde es ein Gespenst geben. 33. Das Wetter wird bald wieder besser. 34. Peter holte sich ein Stückchen von dem guten Kuchen. 35. Der Führer zeigte uns die Stelle, wo vor langer Zeit eine Burg stand. 36. Am nächsten Morgen war das Kissen ganz platt. 37. Kaum haben sich Seifenblasen gebildet, zerplatzen sie auch schon. 38. Der Strauch schützte uns vor dem pfeifenden Wind. 39. Die beiden Jungen stecken gerade in der Klemme. 40. Seit drei Stunden donnert es. 41. Die Kinder schreiben einen Aufsatz über den Frühling. 42. Eine solche Gelegenheit sollte man unbedingt nutzen. 43. Hans streicht gerade das Gartentor. 44. Als ich Peter etwas fragte, gab er keine Antwort. 45. Er arbeitet sehr flott. 46. Der Reifen ist gleich hinter der Kurve geplatzt. 47. Unmittelbar nach dem Spiel trafen wir uns am Tor. 48. Er band den Sack mit einem Bindfaden zu. 49. Es stimmt, gestern waren wir in der Stadt. 50. Heute gehen wir in den Wald, um Pilze zu suchen. 51. Es bewölkt sich und deswegen wird es bald regnen. 52. Martin ist auf seine Schwester wütend. 53. Barbara sitzt am geschlossenen Fenster und träumt von den nächsten Ferien. 54. In seiner Jugend hat Onkel Klaus manchmal seine strenge Tante geärgert. 55. Auf dem Feld sitzen einige schwarze Krähen. 56. Nächstes Jahr ziehen wir in ein neues Haus ein. 57. Am Freitag kommt er zu Besuch. 58. An seinem Geburtstag geht Hans mit seinem Vater in den Zoo. 59. Zur Belohnung backt mir Tante Klara eine Menge Plätzchen. 60. Mein Freund Gerd lebt auf einem großen Bauernhof.

Nehmen Sie ab jetzt Sätze aus einem Schulbuch Ihres Kindes.

Nach der Rechtschreibreform gibt es einige Wörter, die in zwei Formen rechtschriftlich korrekt sind, z. B. „zu Hause" und „zuhause", „gucken" und „kucken". Es ist aber günstiger, den Kindern zunächst nur eine Schreibvariante beizubringen. Deshalb sollten Sie bei weiteren Übungen die Wortform verwenden, die der Schüler aus der Schule kennt. Die Texte im Buch richten sich generell nach der Duden-Empfehlung.

2. Einüben der 100 häufigsten Fehlerwörter

Etwa 20 Prozent aller Rechtschreibfehler entfallen auf nur 100 Wörter. Diese Wörter werden im Folgenden anhand eines Karteikartentrainings eingeübt. Die Karten, auf denen die Wörter abgedruckt sind, liegen dem Übungsheft als Ausstanzbögen bei.

In diesem Kapitel finden Sie Anleitungen für Übungen, die Sie mit den Karteikarten durchführen können. Wenn ein Schüler in der Rechtschreibung sehr schwach ist, sollten Sie so oft wie möglich mit ihm üben. Pro Woche empfehlen sich zwei bis vier Sitzungen. Es ist sehr hilfreich, die Anzahl der Übungssitzungen pro Woche und die Zeiten, zu denen geübt wird, zusammen mit dem Schüler festzulegen und dann bei diesem Arbeitsplan zu bleiben.

Je nach Klassenstufe sollte pro Sitzung folgende Zahl an Wörtern bearbeitet werden:

- 3. und 4. Klasse: 12 Wörter
- Ab Klasse 5: 16 Wörter

Legen Sie nun die ersten 12 bzw. 16 Karteikarten bereit. **Übung 1 und 2** sind Grundübungen. Sie werden in jeder Sitzung durchgeführt.

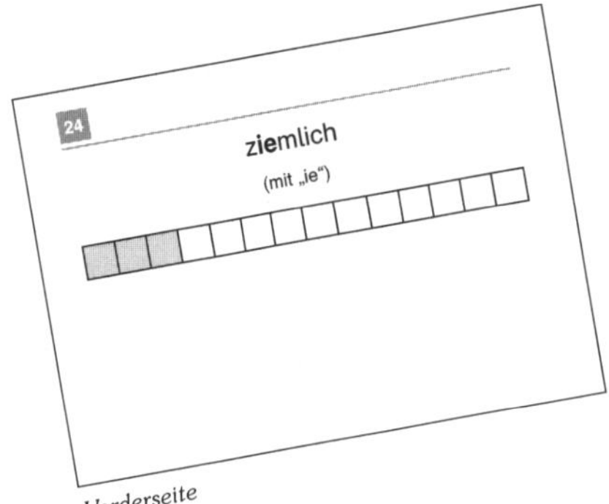

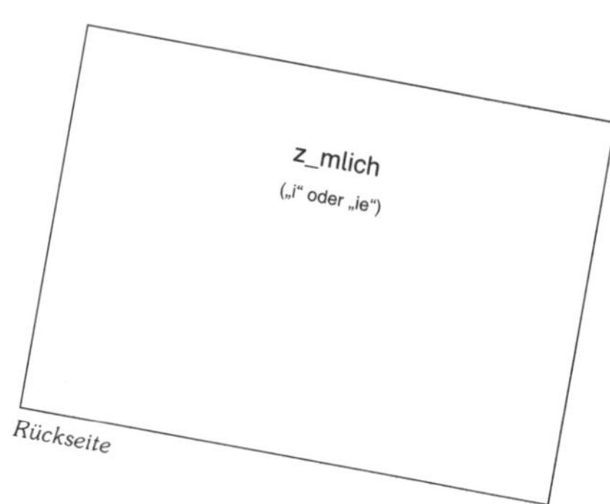

Übung 1

Einzelne Wörter

Auf den Karteikarten steht jedes Übungswort auf der nummerierten Seite in der obersten Zeile. Die Buchstaben, die Rechtschreibprobleme bereiten, sind in den Wörtern fett gedruckt. Für **Übung 1** ist auf den Karteikarten zunächst einmal nur das von Bedeutung, was oberhalb der Kästchenreihe steht.

Als Erstes mischen Sie die Karten. Anschließend diktieren Sie das Übungswort, das oben auf der ersten Karte steht. Der Schüler bestimmt mündlich die Wortart, so wie er es im 1. Kapitel gelernt hat. Anschließend schreibt er das Wort auf. Danach legen Sie ihm die Karte vor und er prüft nach, ob er das Wort richtig geschrieben hat. Wenn das der Fall ist, notiert er im ersten Kästchen ein Pluszeichen. Danach kommt das Wort auf der nächsten Karte dran usw.

Hat er einen Fehler gemacht, vermerkt er ein Minuszeichen. Anschließend streicht er sein falsch geschriebenes Wort durch, deckt die Karte ab und schreibt das Wort aus dem Gedächtnis noch einmal auf. Danach prüft er erneut, ob er das Wort richtig geschrieben hat. Wenn das der Fall ist, kommt das Wort auf der nächsten Karte dran. Hat der Schüler das Wort beim zweiten Mal wieder falsch geschrieben, so schreibt er es erneut auf usw. Für ein zunächst falsch, dann aber richtig geschriebenes Wort wird kein Pluszeichen auf der Karte notiert.

Wenn Sie alle vorgesehenen Wörter diktiert haben, ist die Übung beendet.

In der nächsten Sitzung diktieren Sie dieselben Wörter in der gleichen Weise und in der darauf folgenden Sitzung wieder usw. Ein Wort, bei dem **kein Fehler** aufgetreten ist, gilt als gelernt, wenn es in den ersten drei Sitzungen hintereinander richtig geschrieben worden ist. Um dies deutlich zu machen, sind auf den Karteikarten die ersten drei Kästchen grau unterlegt.

Ein Wort, bei dem ein **Fehler** aufgetreten ist, gilt als gelernt, wenn der Schüler es in vier Sitzungen hintereinander richtig geschrieben hat, ohne dass zwischendurch ein Fehler aufgetreten ist. Das erkennt man daran, dass auf der Karteikarte viermal hintereinander ein Pluszeichen steht. Die Karten mit den gelernten Wörtern werden weggelegt und durch neue ersetzt. Auf diese Weise bleibt die Anzahl der zu übenden Wörter immer gleich.

Sätze zur Veranschaulichung der Wortbedeutung

Auf einem Teil der Karten stehen unter dem Übungswort noch Sätze. Sie dienen dazu, die Bedeutung des jeweiligen Wortes zu veranschaulichen. Das ist bei manchen Wörtern (z. B. „viel“ und „fiel“) notwendig, weil sich die Schreibung nach der Bedeutung richtet. Wenn zu einem Übungswort Sätze aufgeführt sind, so lesen Sie den ersten Satz vor und wiederholen das Übungswort dann noch einmal. Der Schüler schreibt nur das Übungswort auf. Der **Satz** wird **nicht** aufgeschrieben.

Beispiel: Bei Karte 55 diktieren Sie: Er hat viel Zeit. – viel
Der Schüler schreibt: viel

Die weiteren Sätze auf einer jeweiligen Karte kommen in den folgenden Sitzungen dran. Wenn alle Sätze (in verschiedenen Sitzungen) vorgelesen wurden, fängt man wieder mit dem ersten an. Das wird so lange weitergeführt, bis das Wort in vier verschiedenen Sitzungen hintereinander richtig geschrieben worden ist.

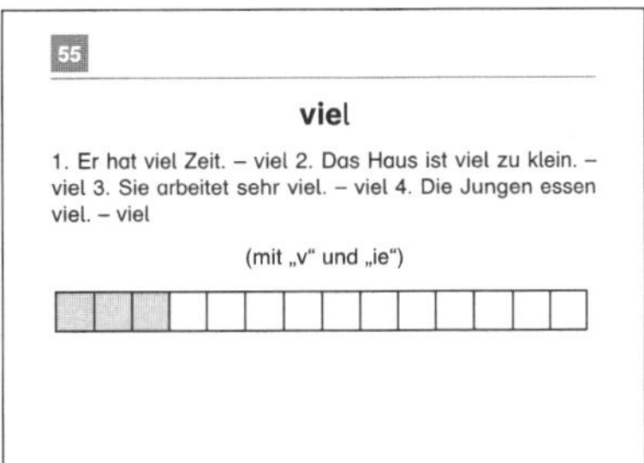

Merkhilfen

Auf manchen Karten steht noch eine Merkhilfe oder eine Regel, die grau unterlegt ist. Wenn das der Fall ist, lesen Sie dem Schüler beim ersten Durchgang den grau unterlegten Text vor. Der Schüler wendet die Merkhilfe bzw. die Regel zukünftig dann so an, wie es auf der Karte dargestellt ist.

Beispiel: Auf Karte 14 lesen Sie beim ersten Durchgang vor:

> Merkhilfe: Man schreibt „ihn“ mit „h“, wenn man dafür eine Person oder eine Sache einsetzen kann.
> Beispiel 1: Ich lese vor: Laura kennt ihn. Du sagst: Für „ihn“ kann man eine Person oder eine Sache einsetzen. – Mit „h“.
> Beispiel 2: Ich lese vor: Er ist in Ulm. Du sagst: Für „in“ kann man keine Person oder Sache einsetzen. – Nur mit „i“.

Bei den nächsten Durchgängen wendet der Schüler die Merkhilfe bzw. die Regel dann laut an, und zwar bevor er das Wort aufschreibt. Wenn er es vergisst, so gilt das als Fehler.
Nicht jede Merkhilfe ist für jeden Schüler geeignet. Wenn Sie feststellen, dass eine spezielle Merkhilfe Probleme bereitet, dann üben Sie das betreffende Wort ohne diese Merkhilfe ein.

Aufbewahrung der Karteikarten

Sobald Karten mit Wörtern, die der Schüler drei- bzw. viermal richtig geschrieben hat, abgelegt sind, sollten Sie sie an einem gut sichtbaren Ort aufbewahren. Dadurch wird die Übungsmotivation des Schülers angeregt. Denn auf diese Weise wird deutlich, wie viele Wörter er schon geschafft hat. Sie können die abgelegten Karten auch mit Stecknadeln oder Reißnägeln an eine Wand heften. Das hebt den Übungserfolg besonders gut hervor.

Sie können die Karten auch in einem Karteikasten (für das Format DIN-A7) ablegen und in verschiedenen Fächern allmählich nach hinten wandern lassen. Notwendig ist das aber nicht.

Bevor Sie sich die Anleitungen für die nächste Übung durchlesen, empfiehlt es sich, **Übung 1** (an verschiedenen Tagen) so oft durchzuführen, bis sie mit dem Ablauf vertraut sind.

Übung 2

Sobald Sie mit **Übung 1** vertraut sind, wird **Übung 2** in jeder Sitzung als Zweites durchgeführt. Dabei werden lediglich diejenigen Karten herangezogen, auf denen oben rechts ein Ohr abgebildet ist. Unten auf diesen Karten sind zusätzlich zum oben stehenden Übungswort noch Wörter in Schrägdruck aufgeführt.

In den schräg gedruckten Wörtern ist das Übungswort enthalten, z. B. auf Karte 2 „wieder“ in „wiederholen“ oder auf Karte 4 „groß“ in „größer, Größe, großartig“.

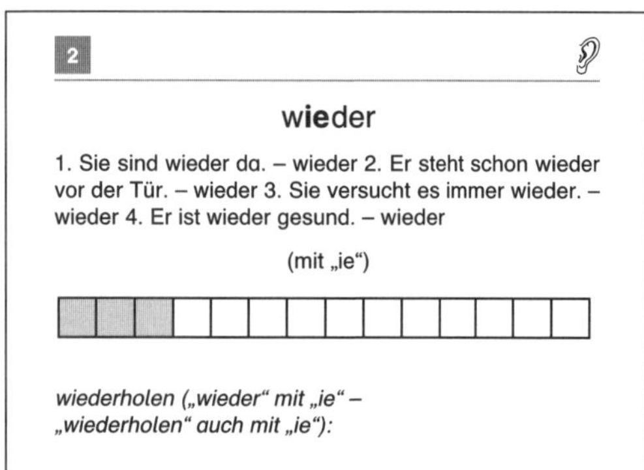
2

wieder

1. Sie sind wieder da. – wieder 2. Er steht schon wieder vor der Tür. – wieder 3. Sie versucht es immer wieder. – wieder 4. Er ist wieder gesund. – wieder

(mit „ie“)

wiederholen („wieder“ mit „ie“ – „wiederholen“ auch mit „ie“):

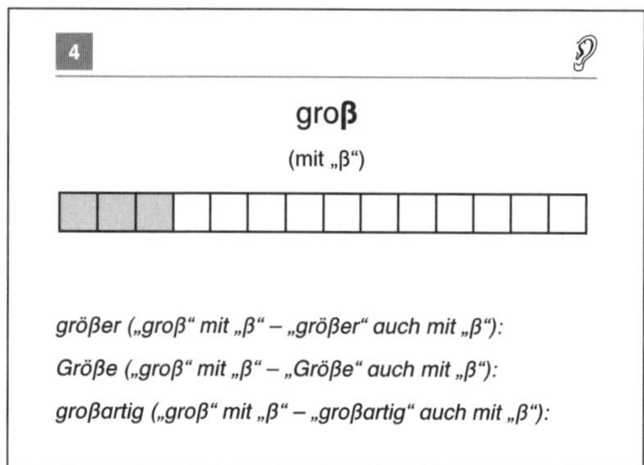
4

gro**ß**

(mit „ß“)

größer („groß“ mit „ß“ – „größer“ auch mit „ß“):

Größe („groß“ mit „ß“ – „Größe“ auch mit „ß“):

großartig („groß“ mit „ß“ – „großartig“ auch mit „ß“):

Die schräg gedruckten Wörter werden ausschließlich mündlich geübt. Gehen Sie dabei folgendermaßen vor: Als Erstes suchen Sie die Karten heraus, auf denen oben rechts ein Ohr abgebildet ist. Anschließend lesen Sie das erste schräg gedruckte Wort auf der ersten Karte vor. Der Schüler sagt, welches Übungswort in dem vorgelesenen Wort steckt. Außerdem benennt er die Buchstaben, die man sich besonders merken muss. Was der Schüler bei jedem Wort sagen muss, steht auf den Karten in Klammern hinter dem schräg gedruckten Wort.

Beispiel: Sie fragen: „Welches Wort steckt in wiederholen?“
Der Schüler antwortet: „Wieder.“
Anschließend fragen Sie: „Welche Stelle muss man sich besonders merken?“
Der Schüler antwortet: „Wieder mit **ie**, wiederholen auch mit **ie**.“

Wenn die Antwort des Schülers richtig war, notieren Sie (nicht der Schüler!) ein Pluszeichen hinter oder unter dem schräg gedruckten Wort, war die Antwort falsch, ein Minuszeichen. Wenn der Schüler die Antwort nicht weiß, sagen Sie die richtige Lösung. Es ist sehr wichtig, dass Sie darauf bestehen, dass der Schüler den genauen Wortlaut der Lösung einhält, so wie sie auf der Karteikarte in Klammern hinter dem Wort steht.

Danach lesen Sie das erste schräg gedruckte Wort auf der nächsten Karte vor usw. Wenn Sie auf allen Karten das erste schräg gedruckte Wort vorgelesen haben, geht es mit denjenigen Karten weiter, auf denen mehr als ein schräg gedrucktes Wort steht. Sie lesen das zweite schräg gedruckte Wort auf der ersten Karte vor, dann das zweite Wort auf der zweiten Karte usw. Wenn Sie damit fertig sind, geht es mit den Karten weiter, auf denen mehr als zwei Wörter in Schrägdruck stehen usw.

Wenn Sie die Wörter in Schrägdruck auf allen Karten durchgenommen haben, wiederholen Sie noch einmal die schräg gedruckten Wörter, hinter denen ein Minuszeichen steht. Das wiederholen Sie so lange, bis hinter jedem schräg gedruckten Wort ein Pluszeichen steht.

Wenn Sie auch damit fertig sind, ist die Übung beendet. Insgesamt dauert sie nur einige Minuten.

Übung 2 erfüllt folgenden Zweck: Durch das Trainieren von Wörtern, in denen die häufigsten Fehlerwörter enthalten sind (Wortfamilien), wird die Zahl der Wörter erhöht, deren Rechtschreibung der Schüler lernt. Weil die Wortfamilien mündlich geübt werden, spart man viel Zeit.

Führen Sie **Übung 2** (zusammen mit **Übung 1**) an verschiedenen Tagen durch. Sobald Sie mit der Durchführung vertraut sind, lesen Sie im Folgenden weiter.

Hinweise zum weiteren Üben

Bisher haben Sie in jeder Sitzung **Übung 1 und 2** durchgeführt. Das können Sie so beibehalten. Um das Üben aber etwas abwechslungsreicher zu gestalten, können Sie anstelle von **Übung 1** von Zeit zu Zeit aber auch eine der im Folgenden beschriebenen **Übungen A, B, C oder D** durchnehmen. Sollte sich herausstellen, dass diese zusätzlichen Übungen dem Schüler keinen Spaß machen, so ist es besser, darauf zu verzichten.

Am besten probieren Sie die im Folgenden beschriebenen Übungen zunächst einmal eine nach der anderen in mehreren Sitzungen aus. Wenn Sie feststellen, dass der Schüler bestimmte Übungen lieber macht als andere, so führen Sie insbesondere die von ihm bevorzugten durch, wobei Sie aber auch zwischen verschiedenen Übungen abwechseln sollten. Denn ein abwechslungsreiches Training macht mehr Spaß als immer gleiche Übungen.

Übung A

Der Schüler mischt die Karten und legt sie dann in einem Stapel mit der Rückseite nach oben vor sich hin. Auf der Rückseite stehen die Übungswörter als Lückenwörter, d.h. die Buchstaben, die man sich besonders merken muss, fehlen. Unter jedem Wort sind zwei Rechtschreibmöglichkeiten angegeben, von denen eine in die Lücke gehört. Der Schüler überlegt sich die Lösung und schreibt dann das ganze Wort auf ein Blatt. Anschließend dreht er die Karte um und prüft nach, ob er das Wort richtig geschrieben hat. Wenn das der Fall ist, notiert er in einem der gestrichelten Kästchen auf der Vorderseite der Karte ein Pluszeichen. Hat er das Wort falsch geschrieben, so schreibt er ein Minuszeichen auf, dreht die Karte wieder um und schreibt das Wort noch einmal richtig auf. Beachten Sie: Bei dieser Übungsform füllt der Schüler nicht die Lücken in den Wörtern aus, sondern er schreibt sie vollständig auf.

Wenn auf einer Karte das Übungswort auf der Vorderseite durch Sätze veranschaulicht ist, so stehen die Sätze auch auf der Rückseite der Karte, wobei im Übungswort eine Lücke gelassen ist. Der Schüler liest den ersten Satz durch, setzt einen Haken dahinter, schreibt das Übungswort auf und fährt dann so fort wie bei den Karten mit einzelnen Wörtern. Beim nächsten Übungsdurchgang liest er dann den zweiten Satz durch usw.

1. Sie sind w_der da.
2. Er steht schon w_der vor der Tür.
3. Sie versucht es immer w_der.
4. Er ist w_der gesund.

(„ie“ oder „i“)

Übung B

Diese Übung hat die Form eines Spiels. Die Rechtschreibung wird hier mündlich trainiert. Das ist zunächst etwas ungewohnt. Denn in älteren Konzepten wurde davon ausgegangen, dass Wörter wie Bilder im Gedächtnis abgespeichert werden. Neuere wissenschaftliche Erkenntnisse machen jedoch deutlich, dass diese Theorie zu einseitig ist. Man weiß inzwischen, dass die Rechtschreibung in vielfältiger Weise eingeprägt wird. Eine davon ist die Verknüpfung von schwierigen Stellen in Wörtern (z. B. das „ck" in „zurück") mit der Aussprache und der Bedeutung eines jeweiligen Wortes. Beim mündlichen Üben wird diese Verknüpfung in besonderer Weise hervorgehoben und durch häufige Wiederholungen im Gedächtnis verankert. Als besonders günstig hat es sich dabei erwiesen, die Übungswörter anfangs kurz hintereinander und später in größeren Abständen mehrfach zu wiederholen. Deswegen werden die Wörter in diesem Spiel in einer ganz speziellen Reihenfolge abgefragt. Um die Reihenfolge brauchen Sie sich nicht zu kümmern. Sie ist durch das Spiel vorgegeben.

Schreiben Sie auf die Rückseiten (Seiten mit den Lückenwörtern) von sechs Karten die Buchstaben A, B, C, D, E, F, und zwar jeweils einen Buchstaben auf eine Karte. (Wenn Sie in einer Sitzung 16 Wörter durchnehmen, sind es acht Karten mit den Buchstaben A, B, C, D, E, F, G, H.) Anschließend legen Sie die Karten mit der Rückseite nach oben, beginnend mit Karte A, untereinander auf den Tisch.

A
B
C
D
E
F

Weiterhin schneiden Sie das Spielfeld im Anhang (S. 45, Rückseite beachten!) aus (bei 16 Wörtern pro Sitzung S. 46) und legen sechs Spielsteine (z. B. Ein-Cent-Münzen) untereinander in die erste Spalte.

	1	2	3	4	5	6	7	8	9	10
A	●									
B	●									
C	●									
D	●									
E	●									
F	●									

Der Schüler liest sich das Wort auf Karte A durch und benennt die schwierige Stelle.

Beispiel: In dem Wort „zurück" ist die schwierige Stelle das „ck".
Der Schüler sagt: „Mit **ck**."

Anschließend dreht er die Karte um und prüft nach, ob seine Lösung richtig war. War die Lösung richtig, schiebt er den Spielstein in der Reihe A ein Feld nach vorn. War die Lösung falsch, bleibt der Spielstein liegen. Danach kommt der Spielstein in Reihe B bzw. Karte B dran usw.

Folgende Regeln gelten:

- Die Spielsteine bzw. Karten werden von oben nach unten bearbeitet. Wenn der unterste Spielstein bzw. die unterste Karte bearbeitet ist, macht der Schüler mit dem obersten Spielstein/der obersten Karte weiter.
- Die Karten liegen immer mit der Rückseite nach oben. Nur zum Nachprüfen der Lösungen werden sie umgedreht. Danach werden sie wieder mit der Rückseite nach oben auf ihren Platz gelegt.
- Wenn der Schüler bei einer Karte nicht die richtige Lösung gefunden hat und der Spielstein auf seinem Feld liegen bleiben musste, bearbeitet er die nächste Karte bzw. den nächsten Spielstein. Danach wird die Karte, die nicht gelöst werden konnte, wiederholt.
- Findet der Schüler bei dieser Wiederholung die richtige Lösung, so schiebt er den Spielstein ein Feld nach vorn.
- Findet er bei der Wiederholung wieder nicht die richtige Lösung, so schreibt er das Wort auf. Dabei liegt die Karte mit der Rückseite nach oben auf ihrem Platz. Anschließend wird nachgeprüft, ob das Wort richtig geschrieben ist. Wenn das der Fall ist, rückt der entsprechende Spielstein ein Feld nach vorn. Ist in dem Wort irgendein Fehler, so schreibt es der Schüler noch einmal auf. Dies wird so lange wiederholt, bis das Wort richtig geschrieben ist und der entsprechende Spielstein ein Feld nach vorn gerückt werden kann.
- Anschließend geht es mit der übernächsten Karte bzw. dem übernächsten Spielstein weiter.
- Das Üben mit den sechs bzw. acht Karten ist beendet, wenn alle Spielsteine in der zehnten Spalte angekommen sind.
- Wenn das der Fall ist, schreibt der Schüler auf der Rückseite der jeweiligen Karte auf, wie oft er ein Wort aufschreiben musste. Ziel ist es, so wenig Wörter wie möglich aufschreiben zu müssen.
- Wenn die ersten sechs (bzw. acht) Karten bearbeitet sind, kommen die nächsten sechs (bzw. acht) dran. Danach ist die Sitzung beendet.
- Am Ende der Sitzung wird auf der Vorderseite der Karten bei jedem Wort ein Pluszeichen notiert. Denn ein Durchgang bei dem Spiel hat denselben Lerneffekt wie ein einmaliges Diktieren der Wörter.

Übung C

Diese Übung ist auch ein Spiel. Die Rechtschreibung wird wiederum mündlich trainiert.

Legen Sie die ersten sechs (bzw. acht) Karten, die Sie auf der Rückseite mit den Buchstaben A, B, C usw. beschriftet haben, auf den Tisch.

Lesen Sie dem Schüler die Spielanleitung vor:

> Jetzt kommt ein Spiel. Es heißt „Häuschen bauen“. Ich lese dir Wörter vor und **du sagst, welche Stelle man sich besonders merken muss**.
>
> Beispiel: Ich lese vor: „Sitzen.“ – Du sagst: „Mit **tz**.“
>
> Wenn du bei einem Wort die Stelle, die man sich besonders merken muss, richtig benannt hast, darfst du einen Teil eines Häuschens aufzeichnen. Insgesamt besteht das Häuschen aus 10 Strichen. Wenn du in dem Häuschen an eine Ecke kommst, ist der Strich zu Ende. Das Häuschen muss ungefähr so aussehen:
>
> Wenn du einen Fehler machst, zeige ich dir das Wort und du musst beim Häuschenbauen wieder von vorne anfangen. Du wirst sehen: Es ist ziemlich schwierig, ein vollständiges Häuschen hinzubekommen. Dafür muss man nämlich zehnmal hintereinander eine richtige Antwort geben. Nach einigem Üben gelingt es dir vielleicht, ein ganzes Häuschen zu zeichnen.

Die Reihenfolge, in der Sie die Wörter abfragen, ergibt sich aus den Buchstaben, die Sie auf die Karten geschrieben haben, und den Buchstaben, die unten aufgeführt sind. Fragen Sie die Wörter genau in der Reihenfolge der unten angegebenen Buchstaben ab, und zwar in jeder Spalte von oben nach unten. Wenn der Schüler beim letzten Wort noch die Chance hat, ein Häuschen aufzuzeichnen, so fangen Sie wieder von vorne an, so lange, bis ein Fehler auftritt oder das Häuschen aufgezeichnet ist. Der Motivationswert der Übung liegt darin, dass der Schüler bei jedem Fehler von vorne anfangen darf und dadurch immer wieder eine neue Chance bekommt, ein Häuschen hinzubekommen.

Wenn die ersten sechs (bzw. acht) Karten bearbeitet sind, kommen die nächsten sechs (bzw. acht) dran. Danach ist die Übung beendet.
Wenn alle Wörter durchgenommen sind, wird auf der Vorderseite jeder der bearbeiteten Karteikarten ein Pluszeichen notiert.

Reihenfolge der Abfrage bei 12 Übungswörtern:

A	B	F	D	F	E
B	C	D	B	C	D
A	D	E	A	A	C
C	E	F	C	F	E
B	D	A	E	B	A
A	F	D	F	F	B
C	E	B	E	A	C
B	D	D	C	B	D
C	F	A	F	C	E
A	E	B	E	D	F

Reihenfolge der Abfrage bei 16 Übungswörtern:

A	A	F	G	A	G	A	B
B	D	E	H	B	D	C	D
A	B	G	A	F	C	G	A
C	D	F	E	E	H	F	B
B	C	H	B	C	D	E	C
A	D	G	F	G	G	B	D
C	E	E	A	H	A	H	E
B	F	H	B	D	G	D	F
D	E	F	E	C	C	E	G
C	G	H	F	H	F	H	H

Übung D

Diese Übung hat ebenfalls die Form eines Spiels. Die Rechtschreibung wird wieder mündlich trainiert. Zur Durchführung des Spiels nehmen Sie die ersten sechs (bzw. acht) mit den Buchstaben A, B, C usw. beschrifteten Karteikarten in die Hand und legen sie auf den Tisch. Die Spielfelder aus dem Anhang (S. 47 bzw. S. 48) legen Sie auch auf den Tisch. Wenn Sie in einer Übungssitzung 12 Wörter üben, verwenden Sie das Spielfeld auf S. 47. Üben Sie in einer Sitzung 16 Wörter, so nehmen Sie das Spielfeld auf S. 48.

Lesen Sie dem Schüler die Spielanleitung (im Rahmen) nun vor. (In der Anleitung wird der Einfachheit halber angenommen, dass Sie Karte 1 mit A, Karte 2 mit B usw. nummeriert haben.)

> Nimm dir einen Spielstein und setze ihn auf das Start-Feld des Spiels. Anschließend ziehst du den Spielstein ein Feld nach vorn und liest den Buchstaben vor, der auf dem Feld steht.

Der Schüler liest den Buchstaben vor. Im ersten Feld ist es das A.

> Ich lese dir das Wort vor, das auf der Karte mit dem Buchstaben A steht. Das Wort heißt „zurück". **Du sagst mir nun, welche Stelle man sich in dem Wort besonders merken muss**. In dem Wort „zurück" ist es das „ck". Du sagst also: „Mit **ck**."
>
> Anschließend sage ich dir, ob deine Lösung richtig war. Wenn das der Fall ist, darfst du unten in den ersten Kasten unter dem Spielfeld einen Strich setzen. War deine Lösung falsch, so notierst du keinen Strich und ich sage dir, wie das Wort geschrieben wird.
>
> Zieh nun deinen Spielstein ein weiteres Feld nach vorn und lies den Buchstaben vor, der darauf steht.

Der Schüler liest vor: „B." Sie lesen das Wort vor, das auf der Karte mit dem Buchstaben B steht. Das Wort heißt „wieder". Wenn das Wort in einen Satz eingebettet ist, lesen Sie den Satz vor und wiederholen das Wort dann noch einmal.

Der Schüler sagt, welche Stelle man sich in dem Wort merken muss. Beim Wort „wieder" lautet die richtige Lösung: „Mit **ie**." Hat der Schüler die richtige Lösung benannt, setzt er einen Strich in den ersten Kasten unter dem Spielfeld. Anschließend zieht er den Spielstein auf das nächste Feld usw.

Achten Sie darauf, dass der Schüler den Spielstein immer in die Richtung vorzieht, die durch die Striche zwischen den Kästchen markiert ist. Beim letzten Kästchen der ersten Reihe geht es beim letzten Kästchen der zweiten Reihe weiter usw.

> Dein Ziel besteht darin, auf dem Weg vom Start zum Ziel möglichst viele Striche zu sammeln.

Wenn der Schüler im ersten Kasten unter dem Spielfeld fünf Striche notiert hat, setzt er die nächsten fünf Striche in den zweiten Kasten usw. Dieses System dient dazu, zum Schluss des Spiels das Zählen der Striche zu erleichtern.
Wenn der Schüler das Ziel erreicht hat, kommen die nächsten sechs (bzw. acht) Karten dran. Danach ist die Übung beendet. Zum Schluss wird auf der Vorderseite jeder der bearbeiteten Karteikarten ein Pluszeichen notiert.
Sie können das Spiel auf folgende Weise noch spannender machen: Sie selber stellen sich auch Karteikarten her, auf denen Sie etwas notieren, das Sie selbst lernen möchten, z. B. die Vokabeln einer Fremdsprache, Telefonnummern von Freunden und Bekannten, Fremdwörter usw. Dabei schreiben Sie auf die eine Seite eine Frage (z. B. ein deutsches Wort oder einen Namen) und auf die andere Seite die jeweilige Lösung (z. B. ein englisches Wort, ein Fremdwort oder eine Telefonnummer). Der Schüler und Sie fragen sich dann im Wechsel gegenseitig ab.

Mit welchen Erfolgen kann man bei regelmäßigem Üben rechnen?

Wenn eine Karteikarte abgelegt ist, kann der Schüler, so könnte man denken, das betreffende Wort von da ab immer richtig schreiben. Das ist aber nicht der Fall. Die Erfolgsquote liegt zwischen 60 und 80 Prozent.

Wie geht es weiter, wenn die 100 häufigsten Fehlerwörter durchgenommen worden sind?

Wenn Sie die 100 Wörter durchgenommen haben, ist eine Wiederholung sinnvoll, aber nur mit denjenigen Wörtern, die mindestens einmal falsch geschrieben worden sind. Sie sortieren also die Wörter aus, auf denen kein einziges Minuszeichen steht, sondern nur Pluszeichen. Die restlichen wiederholen Sie mit denselben Übungen wie beim ersten Mal. Bei der Wiederholung müssen die Wörter aber nicht viermal, sondern nur dreimal richtig geschrieben werden, d. h. sie legen eine Karte ab, wenn darauf drei Pluszeichen hintereinanderstehen. Damit die neuen Zeichen von den alten unterschieden werden können, benutzen Sie einen Stift mit einer anderen Farbe.

Wenn Sie mit der Wiederholung fertig sind, können Sie mit 200 weiteren Fehlerwörtern fortfahren, die noch einmal zehn Prozent aller Rechtschreibfehler abdecken. Sie finden die 200 Wörter im Aufbaukurs des Programms *Das 10-Minuten-Rechtschreibtraining.*

Üben mit eigenen Wörtern

Auf den letzten Kartenbögen finden Sie außer den bedruckten auch leere Karten. Sie sind zum Einüben von Lernwörtern vorgesehen, die in der Schule gerade durchgenommen werden. Zudem können auch Wörter aus den Aufsätzen der Kinder bzw. Wörter, die die Kinder gerade besonders beschäftigen (Sachthemen, Märchen etc.) geübt werden. Dazu können Sie auch leere Karteikarten aus dickerem Papier selbst herstellen oder Blanko-Karteikarten im Format DIN A7 kaufen. Die leeren Karteikarten können Sie in der gleichen Weise beschriften wie die vorgedruckten Karten und dann die Übungen durchführen, die in diesem Kapitel beschrieben sind.

3. Das Üben von Diktaten

In der Grundschule werden in den Anfangsklassen in der Regel nur geübte Diktate geschrieben. Wie man die Diktate mit den leeren Karteikarten einüben kann und welche Vorteile das hat, ist im Folgenden beschrieben.

Bei geübten Diktaten gibt es zwei Varianten. Bei der ersten wird das ganze Diktat geübt, bei der zweiten bekommen die Schüler einen Teil der Diktatwörter als Lernwörter. Die Lernwörter können Sie mit den leeren Karteikarten einüben. Beim Einüben ganzer Texte ist Folgendes zu beachten: Wenn der Text mehrfach diktiert wird, können die Schüler den ganzen Text nach einer gewissen Zeit auswendig und es besteht die Gefahr, dass sie sich die Schreibung der Wörter bezogen auf den Inhalt des Textes einprägen. Geht es in einem Diktat z. B. um ein Schulfest und kommt dort das Wort „schmücken" vor, so wird die Schreibung des „ck" im Gedächtnis unter Umständen mit dem Thema „Schulfest" verknüpft. Taucht das Wort „schmücken" dann in späteren Texten in einem anderen Zusammenhang auf, so kann der Schüler die richtige Schreibung nicht aus dem Gedächtnis abrufen. Um dieses Problem zu vermeiden, empfiehlt sich folgendes Vorgehen:

Als Erstes diktieren Sie das zu übende Diktat. Anschließend schreiben Sie die falsch geschriebenen Wörter auf leere Karteikarten. Die Wörter üben Sie dann so ein, wie es in den Übungen 1–2 und A–D (S. 26–33) beschrieben ist.

Nach dem Einüben diktieren Sie den ganzen Diktattext erneut. Dabei werden Sie Folgendes feststellen: Der größte Teil der geübten Wörter, aber nicht alle, wird nun richtig geschrieben. Außerdem schreibt der Schüler jetzt einen Teil der Wörter falsch, die er beim ersten Mal richtig geschrieben hat. Darüber darf man sich nicht aufregen, sondern man muss zunächst einmal akzeptieren, dass das eben so ist.

In einem zweiten Schritt üben Sie dann, wiederum mit Hilfe von Karteikarten, die Wörter ein, die beim zweiten Diktat falsch geschrieben worden sind. Danach diktieren Sie den Text erneut usw.

Das Einüben der einzelnen rechtschreibschwierigen Wörter hat gegenüber dem wiederholten Aufschreiben eines ganzen Diktattextes vor allem zwei Vorteile: Die Schüler prägen sich die Rechtschreibung wortbezogen und nicht bezogen auf den Textinhalt ein. Außerdem verschwendet der Schüler keine Übungszeit, wenn er nur diejenigen Wörter aufschreibt, die für ihn schwierig sind.

4. Zusätzliche Rechtschreibregeln

Mit Rechtschreibregeln muss man sehr vorsichtig umgehen. Im Folgenden wird erläutert, unter welchen Bedingungen die so genannte Umformungsregel zur Auslautverhärtung anwendbar ist.

Mit der Auslautverhärtung ist Folgendes gemeint: Wenn die weichen Konsonanten (Mitlaute) „b, d, g“ am Wort- oder Silbenende stehen oder wenn ein Konsonant auf sie folgt, werden sie hart als „p, t, k“ gesprochen (z. B. hal**b**, run**d**, Ta**g**). Formt man solche Wörter so um, dass ein Vokal (Selbstlaut) auf den betreffenden Konsonanten folgt, so kann man hören, ob man „b“ oder „p“, „d“ oder „t“ bzw. „g“ oder „k“ schreiben muss, z. B. hal**b** - hal**be**, (er) hu**p**t – hu**pe**n, run**d** – run**de**, bun**t** – bun**te**, Ta**g** – Ta**ge**, star**k** – star**ke**.

Diese Regel funktioniert aber nur in Gegenden, in denen es die so genannte Konsonantenerweichung **nicht** gibt. Die Konsonantenerweichung besagt: Die harten Konsonanten „p, t, k“ werden im Anlaut, d. h. wenn noch ein Buchstabe darauf folgt, weich gesprochen, z. B. prüfen:/brüfen/, tapfer:/dapfer/, klemmen:/glemmen/. Die Konsonantenerweichung führt dazu, dass nach der Anwendung der Umformungsregel die harten Konsonanten nicht hart, sondern weich gesprochen werden, z. B./hu**be**n, bun**de**, sch**d**ar**ge**/. Deswegen ist die Umformungsregel in Gegenden mit Konsonantenerweichung (z. B. in ganz Süddeutschland) weniger hilfreich.

Möchte man den Schülern die Umformungsregel zur Auslautverhärtung dennoch vermitteln, so empfiehlt es sich, die Wörter auf die die Regel angewendet wird, sehr oft zu wiederholen. Dadurch werden die einzelnen Wörter im Gedächtnis mit der Regelanwendung verknüpft.

Die Wörter, auf die die Umformungsregel angewandt werden kann, sind auf den Karteikarten mit einem * gekennzeichnet.

Weitere Übungen zur Auslautverhärtung finden Sie im Folgenden ab S. 36.

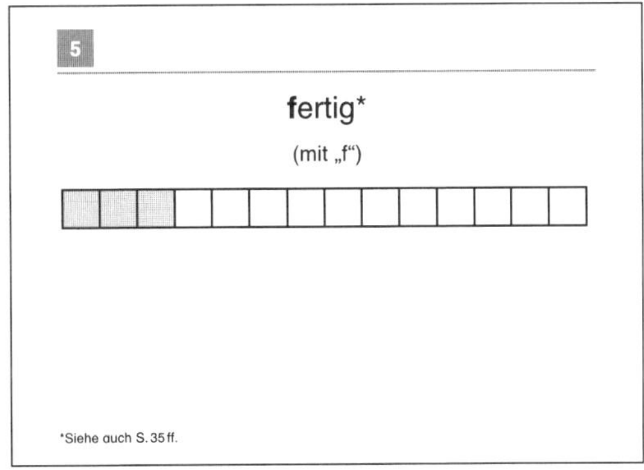

Umformungsregel zur Auslautverhärtung

Lesen Sie vor und erläutern Sie die Beispiele.

Wenn man manche Wörter umformt, kann man hören, ob sie am Ende mit **„d“** oder mit **„t“** geschrieben werden.

*wil**d*** → *wil**d**e, wil**d**er*

*Lan**d*** → *Län**d**er*

*wei**t*** → *wei**t**e, wei**t**er*

*Wor**t*** → *Wör**t**er*

Übung 1

Ich lese dir Wörter vor. Damit du hören kannst, ob sie mit „d“ oder mit „t“ geschrieben werden, formst du sie um. In welcher Weise du sie umformst, bleibt dir überlassen. So kannst du z. B. bei „wild“ sowohl „wilde“ als auch „wilder“ sagen.

Beispiel 1: Ich lese vor: „Held.“
Du sagst: „**Helden** mit **d**, **Held** auch mit **d**.“

Beispiel 2: Ich lese vor: „Breit.“
Du sagst: „**Breiter** (oder **breite**) mit **t**, **breit** auch mit **t**.“

Fel**d** (Felder), bun**t** (bunte, bunter), Hef**t** (Hefte), Hun**d** (Hunde), ech**t** (echte, echter), Arbei**t** (arbeiten), Zei**t** (Zeiten, zeitig), Win**d** (Winde, windig), Nei**d** (neidisch), Wu**t** (wütend), Bro**t** (Brote), lau**t** (laute, lauter), spä**t** (späte, später), Hel**d** (Helden), Gol**d** (golden, goldig), Mor**d** (Morde, morden, ermorden), dich**t** (dichte, dichter), brei**t** (breite, breiter), Wan**d** (Wände), San**d** (sandig)

Es ist günstig, die Wörter mehrfach abzufragen, damit der Schüler sie sich gut ins Gedächtnis einprägt. Die Wörter, die dem Schüler schwerfallen, können Sie unterstreichen und später noch einmal wiederholen.

Übung 2

In die Lücken gehört entweder ein „d" oder ein „t". Um das herauszufinden, formst du die Wörter zuerst um und dann schreibst du sie auf.

Beispiel: *run-*

Du sagst: „**Runde** (oder **runder**) mit **d**, **rund** auch mit **d**."
Anschließend schreibst du auf: rund

run- ______ ______

Pfer- ______ ______

Stif- ______ ______

blin- ______ ______

Klei- ______ ______

leich- ______ ______

Ban- ______ ______

har- ______ ______

Nach- ______ ______

kal– ______ ______

Han- ______ ______

schlech- ______ ______

Wor- ______ ______

Bar- ______ ______

Wal- ______ ______

Mona- ______ ______

wil- ______ ______

gesun- ______ ______

Mu- ______ ______

Freun- ______ ______

Lesen Sie vor und erläutern Sie die Beispiele.

Wenn man manche Wörter umformt, kann man hören, ob sie am Ende mit „**g**“ oder mit „**k**“ geschrieben werden.

*Zwei**g*** → *Zwei**g**e*

*schrä**g*** → *schrä**g**e, schrä**g**er*

*star**k*** → *star**k**e, stär**k**er*

*Ban**k*** → *Bän**k**e*

Übung 3

Ich lese dir Wörter vor. Damit du hören kannst, ob sie mit „g“ oder mit „k“ geschrieben werden, formst du sie um.

Beispiel 1: Ich lese vor: „Klug.“
Du sagst: „**Kluge** (oder **klüger**) mit **g**, **klug** auch mit **g**.“

Beispiel 2: Ich lese vor: „Geschenk.“
Du sagst: „**Geschenke** mit **k**, Geschen**k** auch mit **k**.“

klu**g** (kluge, klüger), Zu**g** (Züge), re**g**nen (Regen), Zwei**g** (Zweige), schrä**g** (schräge, schräger), Schran**k** (Schränke), We**g** (Wege), Ta**g** (Tage), tä**g**lich (Tage), Geschen**k** (Geschenke, schenken), er tan**k**t (tanken), sie dan**k**t (danken), er lü**g**t (lügen), star**k** (starke, stärker), sie zei**g**t (zeigen), Ban**k** (Bänke), er schen**k**t (schenken)

Sie können die Wörter mehrfach abfragen, damit der Schüler sie sich gut ins Gedächtnis einprägt. Die Wörter, die dem Schüler schwerfallen, können Sie unterstreichen und später noch einmal wiederholen.

Übung 4

In die Lücken gehört entweder ein „g“ oder ein „k“. Um das herauszufinden, formst du die Wörter zuerst um und dann schreibst du sie auf.

Beispiel: *Flu-*

Du sagst: „**Flüge** mit **g, Flug** auch mit **g**.“
Anschließend schreibst du auf: Flug

Flu- ______ ______

kran- ______ ______

Ber- ______ ______

Der Löwe ja-t ein Zebra. ______ ______

lan- ______ ______

Er mer-t es nicht. ______ ______

Der Hund fol-t seinem Herrchen. ______ ______

dan-bar ______ ______

Die Tür bewe-t sich nicht. ______ ______

Sie le-t sich ins Bett. ______ ______

Krie- ______ ______

Er den-t an die Ferien. ______ ______

Anzu- ______ ______

Lesen Sie vor und erläutern Sie die Beispiele.

Wenn man manche Wörter umformt, kann man hören, ob sie am Ende mit „**b**“ oder mit „**p**“ geschrieben werden.

*hal**b*** → *hal**be***

*Sta**b*** → *Stä**be***

*er hu**pt*** → *hu**pen***

*sie pum**pt*** → *pum**pen***

Übung 5

Ich lese dir Wörter vor. Damit du hören kannst, ob sie mit „b“ oder mit „p“ geschrieben werden, formst du sie um.

Beispiel 1: Ich lese vor: „Gelb.“
Du sagst: „**Gelbe** mit **b**, **gelb** auch mit **b**.“

Beispiel 2: Ich lese vor: „Er hupt.“
Du sagst: „**Hupen** mit **p**, **hupt** auch mit **p**.“

Die**b** (Diebe), er pum**pt** (pumpen), sie gi**bt** (geben), tau**b** (taube, tauber), sie he**bt** (heben), er glau**bt** (glauben), er ü**bt** (üben), sie grä**bt** (graben), Kor**b** (Körbe), sie hu**pt** (hupen)

Sie können die Wörter mehrfach abfragen, damit der Schüler sie sich gut ins Gedächtnis einprägt. Die Wörter, die dem Schüler schwerfallen, können Sie unterstreichen und später noch einmal wiederholen.

Übung 6

In die Lücken gehört entweder ein „b" oder ein „p". Um das herauszufinden, formst du die Wörter zuerst um und dann schreibst du sie auf.

Beispiel: *Kor-*

Du sagst: „**Körbe** mit **b, Korb** auch mit **b**."
Anschließend schreibst du auf: Korb

gel- ________________

Er pum-t den Fahrradschlauch auf. ________________

Sie schrei-t etwas an die Tafel. ________________

Sie trei-t die Hühner in den Stall. ________________

hal- ________________

Er kle-t eine Briefmarke auf den Umschlag. ________________

Sta- ________________

Der Busfahrer hu-t ständig. ________________

Sie schie-t ihr Fahrrad nach Hause. ________________

sel-st ________________

Der Junge le-t in einem kleinen Dorf. ________________

Übung 7

Ich lese dir Wörter vor. Damit du hören kannst, ob sie mit „d" oder „t", mit „b" oder „p" oder mit „g" oder „k" geschrieben werden, formst du sie um.

Beispiel: Ich lese vor: „Feld."
Du sagst: „**Felder** mit **d**, Fel**d** auch mit **d**."

Win**d** (Winde, windig), Gol**d** (golden, goldig), er ü**b**t (üben), er lü**g**t (lügen), Arbei**t** (arbeiten), schrä**g** (schräge, schräger), Wu**t** (wütend), Fel**d** (Felder), dich**t** (dichte, dichter), er glau**b**t (glauben), er pum**p**t (pumpen), star**k** (starke, stärker), Kor**b** (Körbe), ech**t** (echte, echter), sie dan**k**t (danken), Zei**t** (Zeiten, zeitig), sie gi**b**t (geben), San**d** (sandig), tä**g**lich (Tage), re**g**nen (Regen), sie hu**p**t (hupen), sie zei**g**t (zeigen), Geschen**k** (Geschenke, schenken)

Sie können die Wörter mehrfach abfragen. Die Wörter, die dem Schüler schwerfallen, können Sie unterstreichen und später noch einmal wiederholen.

Umformungsregel zum stimmlosen „s“

Mit dem stimmhaften und stimmlosen „s“ hat es folgende Bewandtnis: Der Buchstabe „s“ wird stimmhaft gesprochen, wenn ein Vokal auf ihn folgt (z. B. lei**s**e, Ro**s**e, In**s**el). Folgt auf ein „s“ kein Buchstabe oder ein Konsonant, so wird es stimmlos gesprochen (z. B. Gla**s**, er ra**s**t, Mau**s**). Formt man (manche) Wörter mit stimmlosem „s“ so um, dass ein Vokal folgt, kann man hören, wie sie geschrieben werden. Denn dabei wandelt sich das stimmlose „s“ in ein stimmhaftes um. Beispiele: Gla**s** – Glä**s**er, er ra**s**t – ra**s**en, Mau**s** – Däu**s**e. Das gilt aber nicht in allen Sprachregionen. So gibt es z. B. in Süddeutschland in der gesprochenen Sprache keinen Unterschied zwischen dem stimmhaften und dem stimmlosen „s“.
Beispiel: Die Wörter „rei**s**en“ und „rei**ß**en“ werden gleich gesprochen. Deswegen ist in Süddeutschland die Umformungsregel vom stimmlosen zum stimmhaften „s“ sinnlos. Wenn Sie das Programm mit einem Schüler durcharbeiten, in dessen Umgangssprache zwischen stimmhaftem und stimmlosem „s“ unterschieden wird, so ist die Umformungsregel sinnvoll. Übungen dazu finden Sie im Folgenden.

Lesen Sie vor und erläutern Sie die Beispiele.

Wenn man manche Wörter umformt, kann man hören, ob sie am Ende mit **„s“** oder mit **„ß“** geschrieben werden.

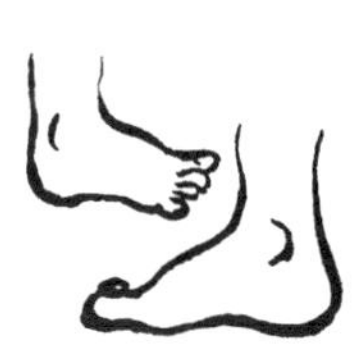

*Gla**s** → Glä**s**er*

*(er) ra**s**t → ra**s**en*

*Fu**ß** → Fü**ß**e*

*gro**ß** → gro**ß**e, grö**ß**er, Grö**ß**e*

Übung 1

Ich lese dir Wörter vor. Damit du hören kannst, ob sie mit „s“ oder mit (scharfem) „ß“ geschrieben werden, formst du sie um.

Beispiel 1: Ich lese vor: „Heiß.“
Du sagst: „**Heiße** (oder **heißer**) mit **ß**, **heiß** auch mit **ß**.“

Beispiel 2: Ich lese vor: „Hals.“
Du sagst: „**Hälse** mit **s**, **Hals** auch mit **s**.“

Gru**ß** (Grüße, grüßen), er bewei**s**t (beweisen), Seine Haut ist ganz wei**ß**. – wei**ß** (weiße, weißer), Bewei**s** (Beweise, beweisen), Strau**ß** (Sträuße), Krei**s** (Kreise), Fu**ß** (Füße), hei**ß** (heiße, heißer), er bei**ß**t (beißen), Prei**s** (Preise), Flei**ß** (fleißig), Hal**s** (Hälse), Ei**s** (eisig), Er lie**ß** es bleiben. – lie**ß** (ließen), Gan**s** (Gänse), Spa**ß** (spaßig, Späße), sie hei**ß**t (heißen), die**s** (diese), er blä**s**t (blasen), Gra**s** (Gräser)

Sie können die Wörter mehrfach abfragen, damit der Schüler sie sich gut ins Gedächtnis einprägt. Die Wörter, die dem Schüler schwerfallen, können Sie unterstreichen und später noch einmal wiederholen.

Übung 2

In die Lücken gehört entweder ein „s“ oder ein „ß“. Um das herauszufinden, formst du die Wörter zuerst um und dann schreibst du sie auf.

Beispiel: *Hal-*

Du sagst: „**Hälse** mit **s**, **Hals** auch mit **s**.“ Anschließend schreibst du auf: Hals

Krei- __________

sie blä-t __________

hei- __________

sie bewei-t __________

Hal- __________

sü- __________

Flei- __________

Prei- __________

Er rei-t nach Italien. __________

Die Gan- hat gut geschmeckt. __________

Spa- __________

Die Wand ist wei-. __________

er bei-t __________

Ei- __________

Strau- __________

sie lie-t __________

er stö-t __________

Gru- __________

das Lo- __________

Sie hei-t Anne. __________

Auswei- __________

sie schie-t __________

5. Unbrauchbare und sinnlose Rechtschreibregeln

Rechtschreibregeln sind ein sehr dorniges Gestrüpp. Das hat mehrere Gründe. Der wichtigste: Viele weitverbreitete Regeln sind sinnlos oder sogar falsch.

Beispiel für eine sinnlose Regel: Das „h" zwischen zwei Selbstlauten kann man hören, wenn man das Wort in Silben spricht (z. B. Rei-he, frü-her, nä-hen).

Nach dieser Regel müssten auch folgende Wörter mit „h" geschrieben werden: schrei-en, Bau-er, sä-en, neu-er. Es gibt zwar keine Rechtschreibregel ohne Ausnahmen, wenn die Zahl der Ausnahmen aber (fast) genauso groß ist wie die der regelkonformen Fälle, sollte man besser auf die Regel verzichten.

Sehr beliebt ist auch folgende Regel: Nach einem kurzen Selbstlaut stehen häufig doppelte Mitlaute wie z.B. „tt": Schatten, Kette, zittern.

Diese Regel ist aus zwei Gründen sinnlos: 1. Dass nach kurzen Selbstlauten häufig doppelte Mitlaute stehen, ist ohne Zweifel richtig. Aber mindestens genauso häufig folgen auf kurze Selbstlaute keine doppelten Mitlaute (z.B. hart, Bild, Heft). 2. Die meisten Schüler mit Rechtschreibproblemen können lange und kurze Vokale nicht voneinander unterscheiden. Das müsste man ihnen in langwierigen Übungen erst beibringen. Leider sind solche Übungen in der Regel nicht von Erfolg gekrönt.

Eine weitere sinnlose Regel lautet: Bei Wörtern mit „pf" hilft am besten deutliches Sprechen: Pflaumen, pfeifen.

In Norddeutschland wird das „pf" am Silbenanfang wie ein „f" gesprochen. Wenn ein norddeutscher Schüler nicht weiß, ob man ein Wort mit „pf" schreibt, dann kann er es auch nicht mit „pf" sprechen. Die Regel hilft ihm also nicht. In Süddeutschland wird das „pf" am Silbenanfang dagegen so gesprochen, wie man es schreibt. Süddeutsche Schüler brauchen die entsprechenden Wörter nicht deutlich zu sprechen. Sie schreiben sie auch so richtig.

Man kann also sagen: Schüler, die die Regel bräuchten, können sie nicht anwenden, und diejenigen, die sie anwenden könnten, brauchen sie nicht.

Rechtschreibregeln haben nur dann einen Sinn, wenn sie für die Schüler einfach zu handhaben sind und wenn es nur wenige Ausnahmen gibt. Im vorliegenden Programm werden ausschließlich solche Regeln eingeübt.

6. Die Ähnlichkeitshemmung (Ranschburgsche Hemmung)

Die Gedächtnispsychologie kennt die so genannte Ranschburgsche Hemmung. Demnach wird das Behalten erschwert, wenn Ähnliches gelernt werden soll. Dabei muss man jedoch zwischen zwei Fällen unterscheiden:

- Die Schreibung eines Wortes kann durch eine Rechtschreibregel oder eine Merkhilfe erschlossen werden.
- Für das Wort gibt es keine Regel.

Nur im zweiten Fall ist mit dem Auftreten der Ähnlichkeitshemmung zu rechnen. Dem wird im vorliegenden Programm Rechnung getragen.

Spielfeld für 12 Übungswörter/Übung B (siehe S. 30 f.)

	1	2	3	4	5	6	7	8	9	10
A										
B										
C										
D										
E										
F										

Spielfeld für 16 Übungswörter/Übung B (siehe S. 30 f.)

10								
9								
8								
7								
6								
5								
4								
3								
2								
1								
	A	B	C	D	E	F	G	H

Spielfeld für 12 Übungswörter/Übung D (siehe S. 33 f.)

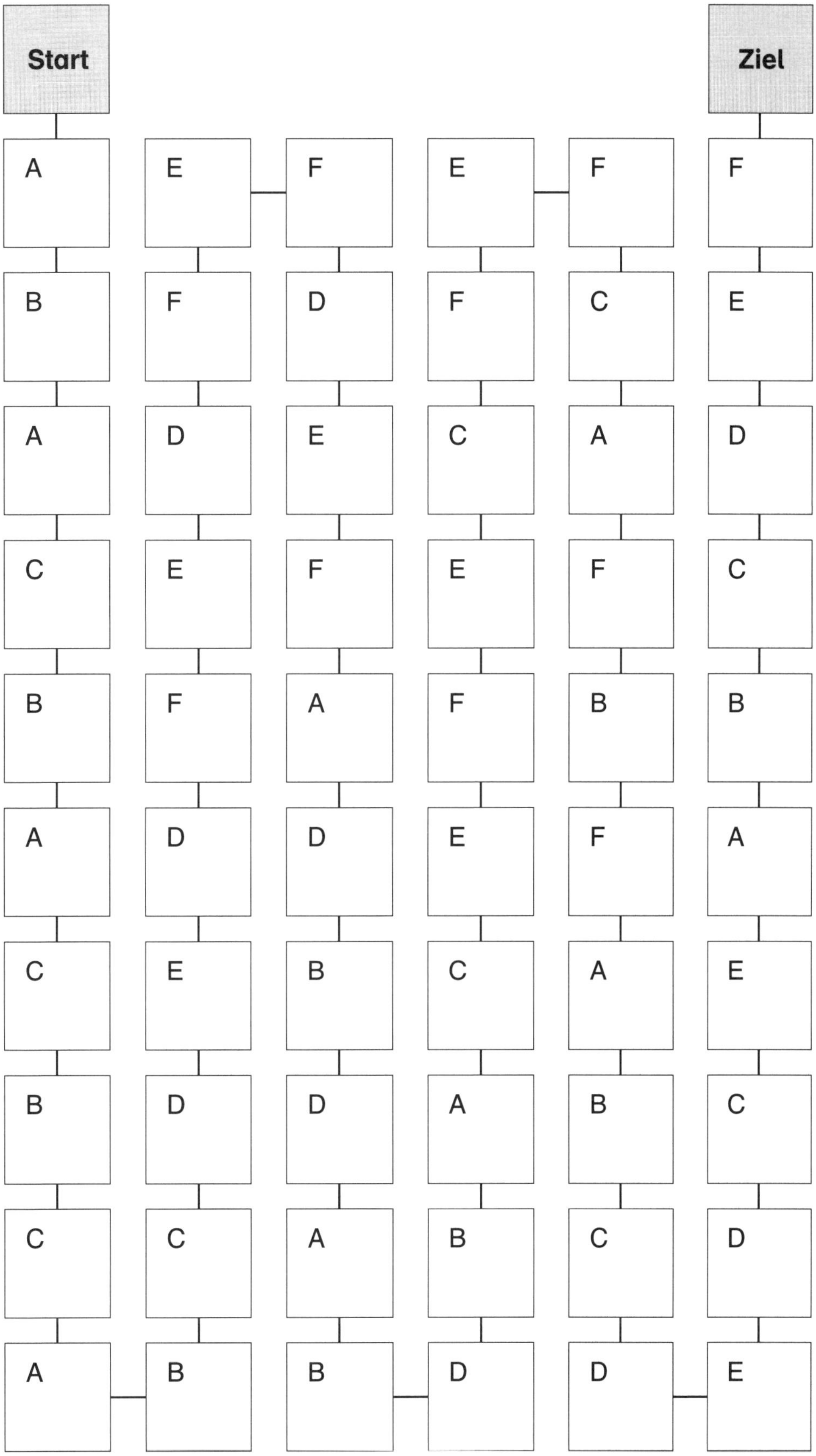

Start					Ziel
A	E	F	E	F	F
B	F	D	F	C	E
A	D	E	C	A	D
C	E	F	E	F	C
B	F	A	F	B	B
A	D	D	E	F	A
C	E	B	C	A	E
B	D	D	A	B	C
C	C	A	B	C	D
A	B	B	D	D	E

5	10	15	20	25	30	35	40	45	50	55	60

Spielfeld für 16 Übungswörter/Übung D (siehe S. 33 f.)

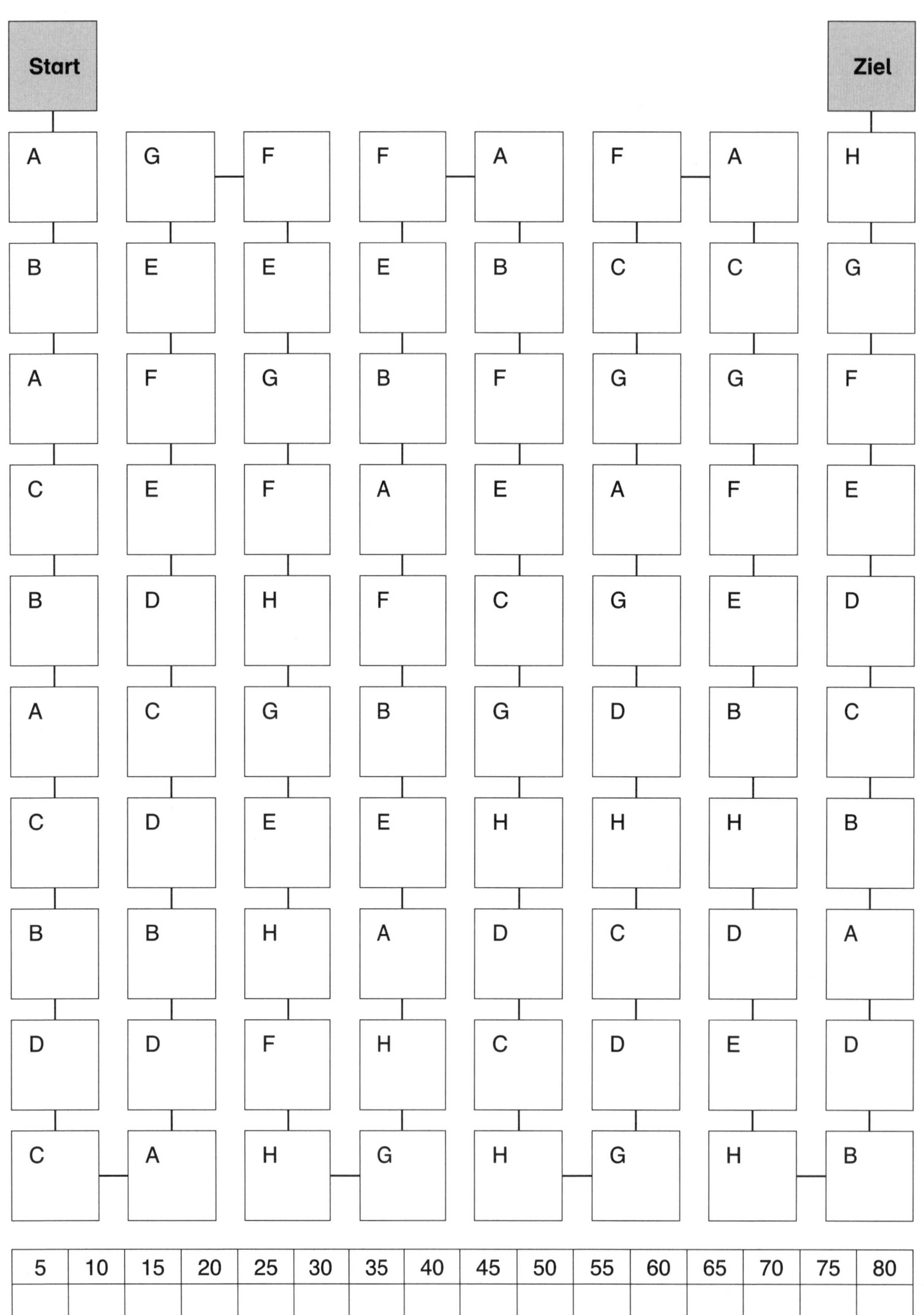

5	10	15	20	25	30	35	40	45	50	55	60	65	70	75	80